经济管理实验教学平台建设研究

**JINGJI GUANLI SHIYAN
JIAOXUE PINGTAI JIANSHE YANJIU**

罗勇 骆东奇 等著

西南财经大学出版社
Southwestern University
of Finance & Economics Press

图书在版编目(CIP)数据

经济管理实验教学平台建设研究/罗勇,骆东奇等著.—成都:西南财经大学出版社,2012.6
ISBN 978 - 7 - 5504 - 0625 - 4

Ⅰ.①经…　Ⅱ.①罗…②骆…　Ⅲ.①经济管理—实验教学法—教学研究　高等学校　Ⅳ.①F-42

中国版本图书馆 CIP 数据核字(2012)第 072572 号

经济管理实验教学平台建设研究

罗　勇　骆东奇　等

责任编辑:李特军
助理编辑:林　伶
封面设计:穆志坚
责任印制:封俊川

出版发行	西南财经大学出版社(四川省成都市光华村街55号)
网　　址	http://www.bookcj.com
电子邮件	bookcj@foxmail.com
邮政编码	610074
电　　话	028 - 87353785　87352368
照　　排	四川胜翔数码印务设计有限公司
印　　刷	郫县犀浦印刷厂
成品尺寸	148mm×210mm
印　　张	8.5
字　　数	205 千字
版　　次	2012 年 6 月第 1 版
印　　次	2012 年 6 月第 1 次印刷
印　　数	1—1000 册
书　　号	ISBN 978 - 7 - 5504 - 0625 - 4
定　　价	35.00 元

前言
Preface

实验教学平台是高校培养高素质"应用型、创新型"人才的重要载体，是大学生实践能力和创新创业能力塑造的重要场所。相对于理工类实验室而言，经济管理实验室建设起步较晚，发展滞后。2000 年 6 月，在首次全国高等学校经济管理类专业实验室建设研讨会上，教育部高教司领导提出"经济管理实验室和其他文科实验室的建设应该得到重视和加强，尽快改变我国高等学校经济管理类专业和其他文科专业实验教学相对落后的局面"。特别是 2005 年 5 月教育部启动国家级实验教学示范中心建设和评审工作以来，经济管理实验教学得到了越来越多的重视和支持，经管类实验教学平台建设也取得了大踏步的发展。

十余年来，我国高校经济管理实验室建设和实验教学取得了明显成效，为培养学生实践创新能力发挥了重要作用。但是，经济管理实验教学毕竟还很"年轻"，其管理体制、平台建设和教学模式都还处于探索之中，尚未形成成熟的理论和方法。各高校实验教学平台建设也很不平衡，许多高校经管类实验室功能定位单一、运行机制封闭、资源利用率低，仅仅被作为实验课程教学场所，没有充分发挥实验室在第二课堂中的重要作用，没有将学生专业实践能力的培养与创新创业能力培养有机结合。

重庆工商大学经济管理实验教学中心作为国家级实验教学示范中心建设单位，积极探索构建以能力培养为导向的实验教学平台体系。我们认为，高水平的实验教学平台至少应该具备以下三个特性：一是平台功能的多元性。不能将实验室功能仅仅定位于第一课堂的教学服务，正如手机一样，如果只有传统的通话功能，是注定会被淘汰的。苹果手机之所以受欢迎，是其多功能定位的结果。我们既要发挥实验教学平台在第一课堂中的重要作用，又要发挥其在第二课堂，特别是创新创业训练中的优势。另外，还应当发挥实验教学平台在科学研究、社会服务等方面的功能和作用。二是实验资源的共享性。实验教学平台应该打破专业学科界线，建设适用于经管类所有学科共用的实验教学大平台，既避免重复建设提高资源利用率，又有利于学科融合，培养学生跨学科综合实践创新能力。三是运行机制的开放性。必须重视和加强开放实验教学平台的建设，做到与理论教学相互融合，将科学研究成果和行业企业的资源引入实验教学，提升实验教学平台层次。

为了系统总结和研究高校经济管理实验教学平台体系及其建设理论，在结合自身实践的基础上，我们撰写了本书。主要包括以下内容：

第一章为经济管理实验教学导论。主要阐述实验与实验教学的概念，经济管理实验教学及实验教学平台的特点、作用和类型等基本问题，分析了我国高校经济管理实验教学平台建设存在的主要问题，探讨了其建设原则和思路。

第二章至第四章研究经济管理实验教学三大平台（实验课程教学平台、开放实验教学平台和创新创业实验教学平台）建设的有关理论和方法。我们主张建立独立的实验课程体系，以能力培养为导向设计实验课程；建议创新开放实验运行机制，建立开放实验项目"超市"，构建多维立体的开放实验平台；倡导与专业教育有机结合，搭建创业实训公司等创新创业实训平台。

第五章探讨经济管理实验教学平台保障体系。包括经济管理实验教学管理体制、实验教学队伍、实验教学运行和质量监控体系等方面，以此保障平台建设的顺利实施。

第六章介绍重庆工商大学经济管理实验教学中心开展实验教学平台建设的实践探索。中心坚持"1634"建设思路（即以培养学生实践能力和创新创业能力为中心，坚持"实验教学与理论教学结合、实验教学与科学研究结合、模拟实验与实战训练结合、专业教育与创业教育结合、第一课堂与第二课堂结合、学校与企业结合"等六个结合，着力建设实验课程教学平台、开放实验教学平台和创新创业实验教学平台等三大实验教学平台，构建管理体制、实验队伍、实验条件、质量监控等四大保障），在经济管理实验教学平台建设方面取得了一定成效，形成了鲜明的特色。

本书是 2011 年重庆市高等教育教学改革研究项目"构建开放互动的经管类实验教学平台的研究与实践"（项目编号：113039）的成果总结，罗勇、骆东奇领著，詹铁柱、张学敏、石永明、张永智共同撰写完成。本项目的研究，得到了教育部高等学校国家级实验教学示范中心联席会经管学科组组长朱孟楠教授、重庆工商大学杨继瑞校长、郑旭煦副校长、教务处曾庆均处长以及学校经济管理实验教学指导委员会各位委员、经管类学院等有关领导和老师的指导和支持；本书参考了大量相关论著，受到很多启发；本书的出版还得到了西南财经大学出版社编辑部张明星主任和李特军副主任的大力支持和帮助，在此一并致谢。

罗　勇

2012 年 3 月

目录
Contents

第1章

经济管理实验教学导论

高等教育肩负着培养高素质专门人才和拔尖人才的重要使命，如何提高学生创新能力、增强学生的实践能力，是目前摆在高等教育面前的重要课题。科学技术的进步，离不开科学研究，离不开千百次的实验和大量的实验数据，因此，普遍认为，实验是科学研究的基本手段和方法。实质上，实验不仅是科学研究的重要手段，技术发明与创新的基础，同时也是人才培养的重要环节和方式。高等学校的教学主要包括理论教学和实践教学，二者是教学体系中既相互联系又相互独立的两个环节、两种手段，实践教学在培养学生实践能力和创新能力方面具有理论教学所不可能替代的作用。实验教学是大学生素质养成、能力培养的重要环节，是整个教学工作的重要组成部分，其质量好坏直接关系到人才培养质量的高低。经济管理实验教学既是培养经济管理类专业科学素养、专业技能、实践能力的重要手段，也是传授知识的重要途径。本章从多角度重点分析实验、实验教学、经济管理实验教学、经济管理实验教学平台等基本概念和内涵。

1.1 实验与实验教学

实验是知识的源泉，是人类认识自然、改造自然的最直接的活动，是推进社会进步及科技发展的重要动力。

1.1.1 实验

(1) 实验的定义

实验是一种研究方法，是一种手段，是教学环节，是可以不断重复的行为，是检验理论的标准。对实验这一概念，从不同角度有不同的认识和说法，但从实验的本质看，比较流行的概念是：实验是指为阐明或检验某一现象，在特定的条件下，观察其变化和结果的过程所做的工作。也可以说实验是科学研究的基本方法之一，它是根据科学研究的目的，尽可能地排除外界的影响，突出主要因素并利用一些专门的仪器设备，而人为地变革、控制或模拟研究对象，使某一些事物（或过程）发生或再现，借助某些工具、仪器，对其进行精密地、反复地观察和测试，从而去认识自然现象、自然性质、自然规律，探索其内在的规律性。《现代汉语词典》中对实验的解释是：为检验某种科学理论或假设而进行某种操作或从事某种活动。可以进一步解释为：实验就是人们根据一定的科学和教学任务，运用一切仪器设备手段，突破自然条件限制，在人为控制和干预客观对象的情况下，观察、探索事物本质规律的一种学习研究活动。可见，实验是人们探索客观世界的一种活动，也是人们认识客观世界的一种重要方法。"

实验对科学的推动作用是十分巨大的，科学上的许多知识和理论的提出与发现，往往不是直接来自生产，而是来自实验。实验能把探讨和研究结合起来，把定性和定量结合起来，使科学精确化、系统化。有了实验，科学就变成了真正意义上的科学。英国思想家、科学家、实验科学的前驱者罗吉尔·培根说："真正的学者应当靠实验来弄懂自然科学、医学和天上地下的一切事物"，"过去靠有名无实的权威和传统习惯发表自己意见的人，算不得真正的学者，他们只能靠空洞争辩来掩盖自己的愚昧无知。"德国著名物理学家、X 射线的发现者，威廉·康拉德·伦琴曾指出："实验是最有力量、最可靠的手段，它能使我们提示自然之谜，实验是判断假设应当保留还是放弃的最后鉴定。"实验是科学研究的重要方法，很多重要的规律都是通过实验总结出来的，一个杰出的科技工作者，应该是用科学的态度，灵活地、富有创造性、精力充沛地利用仪器收集信息。在实验中找到乐趣，在实验中发现亮点。实验的一些成果，往往带有偶然性，但偶然的发现让人们得到启示，并以反复实验，将偶然变成必然，从而推动人类文明进步。

对实验的作用认识，科学家的成就越高，对其认识越深刻。美籍华人丁肇中在获得诺贝尔奖时所作的演讲中说道："我希望，我得到诺贝尔奖能提高中国人对实验的认识"，"过去，中国人从小就受到'劳心者治人，劳力者治于人'观点的影响，普遍不太重视实验，觉得理论比实验更高明。大家认为学习就是学理论，从来没有说学习就是要好好地学实验。我是第一个通过自己实验得到诺贝尔奖的中国人，我这次得奖，希望从此以后能够摆脱中国人轻实验，过分重视理论的旧传统。"科学家张文裕说："关于我国近代科学不发达的原因，说法很多，其原因主要是社会因素，但是对自然科学来说不发达的主要原因是轻视科学实验和记忆。自然科学的发展为什么不发达，就是轻视了实验，轻视了记忆。"科学家对实验的论述和认识，说明了实验的重要作用。实验是科技之母，不重视实验，轻视实验，就是不重视科学，轻视科学。

（2）实验的分类

从不同视角，实验可以分为不同的类型：

①依据实验的环境，分为实地实验和实验室实验。

实地实验是在自然环境条件下进行的一种实验。包括现场实验和自然实验两种。现场实验不控制实验条件或外部变量，它通过控制实验刺激，即施加自变量影响，观察因变量的变化。现场实验基本保持实验对象的原有特性，不改变实验对象的现场背景。它比实验室实验更接近于被研究对象的本来面目，但不如实验室实验严密和精确。自然实验指研究人员不施加自变量去影响实验对象的一种实验，实验者不干涉实验对象发生、发展的自然过程，只是利用自然事件来观察和测量他所需要的指标值。自然实验相似于有结构的观察，优点是完全不改变实验对象的自然状态；缺点是难以找到理想的实验组和控制组，难以确定实验对象的自变量和因变量，也难以精确测量观测值，从而给假设验证带来困难。

实验室实验是在某种人工环境或实验室中所进行的实验。它的人为性很强，将实验对象从普遍的自然环境中转移到一个能够获得精确观察值的环境中。与实地实验相比，实验室实验具有更高的内在效度，但它的人为性使得实验环境与自然环境差距很大，外在效度较低。

②根据实验的目的不同，分为研究实验和教学实验。

研究实验就是为了科学研究的实验，是人们为实现预定目的，在人工控制条件下，通过干预和控制科研对象而观察和探索科研对象有关规律和机制的一种研究方法。

教学实验就是学生在教师指导下，为掌握科学的实验方法和基本操作技能进行的实验，是人才培养过程中的一种手段和环节。

③根据实验的方法不同，分为科学实验、判决性实验和思想实验。

《中国大百科全书》在自然科学方法中，提出了科学实验、判决性实验和思想实验三种。

科学实验（Scientific Experiment）是人们为实现预定目的，在人工控制条件下研究客体的一种科学方法。它是人类获得知识、检验知识的一种实践形式。科学实验萌芽于人类早期的生产活动中，后来逐渐分化出来。从 16 世纪开始成为独立的社会实践形式，并且成为近代自然科学的重要标志。科学实验包含三个要素：作为认识主体的实验者（个人或集体），作为认识客体的实验对象，作为主客体中介的实验物质手段（仪器、设备等）。科学实验不同于在自然条件下的科学观察，其特殊作用表现为：一是纯化作用，为了突出研究客体的某一属性或活动过程，可以排除不必要的因素以及外界的影响，以便使观察在纯粹条件下进行。二是重组作用，为了探求因果关系，在实验中可以选取适当的因素进行不同的组合，以便系统地观察各因素之间的对应关系。三是强化作用，在实验室中可以把客体置于一些超常条件下，如超高温、超低温、超高压、高真空等，以观察其性能及变化规律。四是模拟作用，在科学实验中，可利用不同客体在结构、功能、属性和关系上的相似性，创造各种人工模型去模拟一些复杂的难以控制的，或者"时过境迁"、不易再现的研究对象，以探索其规律。

判决性实验（Crucial Experiment）能对两种对立的假说起到肯定一个和否定一个的裁决作用的实验。即设计一个实验，并根据对立的假说 H_1 和 H_2，推出互不相容的实验结果 C_1 和 C_2，而实验所得出的结果符合 C_1 不符合 C_2，则认为这一实验肯定了 H_1，否定了 H_2。19 世纪以前，判决性实验的存在是科学家们公认的。1905 年，法国物理学家 P. M. M 杜恒通过对光学中傅科实验的分析，指出一个假说 H 总是和其他一些假说（或假定）一起推出结果 C 的，所以实验结果不符合 C，只能推知这一理论系统中至少有一个假说（或假定）是错误的，但不一定就是 H 为假。因此，他断言在物理学中判决性实验是不存在的。此后，是否存在判决性实验就成为一个有争议的问题。在自然科学中，实验是检验科学假说最重要的实践形式，因而被一些科学家称为"科学的最高法庭"。但是，实验对假说的检验既是确定的，又是不确定的。因为，实验结果总是在一定程度上对假说提供某些肯定或否定的证据，在这种意义上，实验对于两个直接对立的假说有可能起一定的判决作用。但从逻辑和历史两个方面的分析可以看出，实验检验还有其不确定的一面。当由一组前提推出的结论被检验表明为假时，从逻辑上并不能断定哪一个前提是假的，因而不能作出确定的判决。而且，实验本身也是历史的、发展的。实验的仪器在不断更新，数据处理和计算方法在不断改进，实验结果的准确度也会不断提高，实验所涉及的各种知识同样也都是在发展，对实验结果作用的认识也必然随着时间的推移而发生变化。因而，任何一个实验都有其局限性，由此决定了它对假说的检验不可能是最终的判决。

思想实验（Thought Experiment）是一种按照实验程序设计的并在思维中进行的特殊论证方法。这种实验既不同于实验室实验，也有别于形式逻辑的推理。实验室实验是借助于物质的观察、测试手段（科学仪器等），进行实际的操作和测量，并经过数据处理得出实验结果，一般的形式逻辑推理则是借助形式语言进行的。思想实验则是按照假想的实验手段和步骤，进行思维推理，得出合乎逻辑的结果。在思想实验中，实验者可以摆脱具体的物质条件的局限，充分发挥人的思维能动作用，对所研究的过程设想出实验室实验暂时不可能或原则上不可能达到的实验条件，进行逻辑论证。思想实验是实验室实验的重要的逻辑补充，甚至有时是必不可少的补充。实验室实验和思想实验的结合或配合使用，体现出认识方法上经验与理性的统一、具体与抽象的统一，使人们对于所要研究的问题能获得更为完整而深刻的规律性认识。思想实验作为一种科学方法，在科学研究中发挥了重要的作用。一些重要的新概念，正是通过思想实验产生的，如同时性、相对性、测不准关系、惯性质量与引力质量的等价性等；一些旧概念的不正确性，也正是通过思想实验被揭露出来的。例如，古代认为力产生速度的概念、旧量子论关于原子中的电子轨道概念等。当然，这种通过思想实验所获得的认识还必须反复地经受实践的检验。

实验依据其控制的严格程度，分为纯实验和准实验。纯实验要求严格的控制，如严格控制实验情景和研究变量，随机分派实验组和控制组等。准实验近似于纯实验，但它不满足纯实验所要求的所有条件。

实验根据在人才培养中的作用不同，分为演示实验、验证性实验、设计性实验、研究性实验等。

（3）实验的功能与作用

实验是科学发明的先导。在实验中发现新的自然现象往往隐含着新的科学技术原理，如果从中加以研究提炼，弄清机制，就可以形成新的科学技术。

实验是创新思维形成的本源。创新思维的形成，诸如联想、想象、猜测、灵感、直觉、经验等，实验起到重要的启迪作用。在科学创新过程中，科学家和发明家在灵感的状态下，通过实验往往茅塞顿开，豁然开朗，出现智力跃进，完全超越平时能力和极限，从而导致科学技术上的创新。创新源于实验，没有实验，创新也无从谈起，实验是创新思维形成的本源。

实验是获取第一手研究资料的重要方法和手段。大量新的、精确的和系统的科技信息资料，往往都是经过实验获得的。在科学发展史上，发明大王爱迪生在先后进行了 1600 多种材料实验，连续 13 个月 2000 多次实验的基础上，积累了大量的第一手材料，最终成功发明了电灯。

实验是探索自然奥秘和验证科学真理的重要途径。实验是探索自然奥秘的必由之路。一种科学理论和一项新技术是否正确，必须要通过科学实验来加以验证。如杨振宁、李政道发现了弱相互作用下的宇不守恒定律，但是他们提出这种定律以后，真正地作为一个理论、一个定律，是通过吴健雄做了实验验证以后才加以肯定。早在文艺复兴时期，达·芬奇就曾说过，如果科学不是从科学实验中产生，并且以一种清晰的实验来结束，便是毫无用处的，充分谬误的，因为实验是科学之母。

（4）实验与试验、实践的比较

实验区别于试验，实验是为了解决文化、政治、经济及其社会、自然问题，而在其对应的科学研究中用来检验某种新的假说、假设、原理、理论或者验证某种已经存在的假说、假设、原理、理论而进行的明确、具体、可操作、有数据、有算法、有责任的技术操作行为。通常实验要预设实验目的、实验环境，进行实验操作，最终以实验报告的形式发表实验结果。试验指的是在未知事物，或对别人已知的某种事物而在自己未知的时候，为了了解它的性能或者结果而进行的试探性操作。试验是实验的一种，大多带有盲目性，没有假说，强调对局部未知或某种没有知晓情况进行试探性行为。

实践（Practice）的范围很广，是指人类自觉自我的一切行为。实践是人的社会的、历史的、有目的、有意识的物质感性活动，是客观过程的高级形式，是人类社会发展的普遍基础和动力。全部人类历史是由人们的实践活动构成的。人自身和人的认识都是在实践的基础上产生和发展的。人的有目的的活动是多方面的，因而实践的形式也是多样的。实践最基本的形式是：

①改变自然，迫使自然满足人们物质生活需要的生产活动。它决定着其他一切活动。

②以调整和改革人与人之间社会关系为目的的活动，这种活动在阶级社会里主要表现为阶级斗争。

③以探索客观世界奥秘或寻觅有效实践活动方式为直接目的的科学试验活动。

除以上三种基本形式外，教育、管理、艺术等一切同客观世界相接触的人的有目的的感性活动，都是实践。

1.1.2　经济管理实验

实验是科学之母。但长期以来，很多人认为仅仅是自然科学需要实验，社会科学不需要实验，因此作为社会科学的经济学与管理学似乎与实验无缘。甚至连一些大师级的经济学家也有类似的看法，诺贝尔经济学奖获得者萨缪尔森曾在他和诺德豪斯合著的《经济学原理》中说过：经济学家在检验经济法则的时候，无法进行类似化学家或生物学家的受控实验，因为他们不容易控制其他重要因素，所以只能像天文学家或气象学家那样满足于观测。其实，这是一种误解。

客观地讲，实验方法正在逐步成为社会科学的主要研究方法之一。社会科学的实验研究对象是社会现象，实验研究任务是研究与阐述各种社会现象及其发展规律。在现代科学的发展进程中，新科技革命为社会科学的实验研究提供了新的方法手段，社会科学与自然科学在实验研究方法上相互渗透、相互联系的趋势日益强烈。经济学和管理学是社会科学中的重要领域，也必然离不开实验的方法和手段。因此，经济管理实验的出现与运用是经济学与管理学学科发展的历史必然。经济管理实验就是人们根据一定的经济管理科研和教学任务，运用一切仪器设备手段，突破自然与社会条件限制，在人为控制和干预客观对象的情况下，观察、探索经济与管理现象及活动的本质规律的一种学习研究活动，它包括经济实验与管理实验。

经济实验是针对所研究的经济学问题，设计经济实验，对影响经济行为的因素进行控制，摒弃那些与问题无关的因素，集中观察那些研究者感兴趣的因素的作用，通过做实验取得实验结果，最后对实验数据和结果进行分析，并充分认识实验结果的经济学含义。经济实验本质是在经济学领域实证研究生产力、生产关系、资源有效配置以及利益分配等相关问题。

管理实验是研究如何在可控的实验环境下对某一管理现象或管理问题，通过控制实验条件，观察实验者行为和分析实验结果，以检验、比较和完善管理理论或为管理者提供决策依据的过程。管理实验的研究离不开管理的计划、组织、领导、控制、激励、创新等职能，也离不开管理中的环境、信息、时间、知识、网络等影响因素。

经济实验与管理实验既有相似之处，又有不同之处。

相同之处主要体现在：

一是都具有实验的特征，即是利用受控实验的方法对已有的理论进行检验，或通过实验发现某些规律，因此都具有实验教学方法所具有的特性，即理论假说、有控制、可重复操作。

二是都定义了实验变量。经济实验和管理实验都会定义各种实验变量，既包括微观变量，也包括宏观变量，以及一些可控变量等。

三是实验过程大致相同，基本都包括实验设计、实验实施、实验结果分析三个步骤。

不同之处主要体现在:

一是视角不同。视角是看问题的角度或出发点,传统经济学在研究经济现象和经济问题时,以人是完全理性的、自私的、以实现自身利益最大化为唯一目标的经济人作为假设前提;现代的经济实验改进了这一基本假设,认为人并非完全理性,人的决策除受客观因素影响之外,还受心理因素影响,但其仍然是在经济学领域,从经济学的角度看待各种经济问题。经济实验常常以均衡、效率作为分析的着眼点,研究人们在给定的机制下如何相互作用,从而达到某种均衡状态。管理是以计划、组织、领导、控制、创新为基本职能的,是在某一组织中为实现预期目标而从事的以人为中心的协调活动,其本质是在一定的社会组织中,以人为中心,协调组织中的个人行为使其与组织目标相一致。管理实验也是围绕管理的五大基本职能,从管理的角度,对管理中的问题通过实验的方法进行研究分析的,其主要涉及组织、组织的目标、组织中的人,包括管理者和被管理者的行为和决策。随着管理学的发展,管理实验也逐渐将其研究的视角扩展到管理中的信息、时间、知识、网络等研究领域。

二是参照系不同。参照系是在经济学和管理学里面被决策者作为分析判断时的一个参考依据。经济实验主要研究经济活动,研究如何让有限的社会资源得到最优化的配置。管理实验中人是最基本、最核心的内容,是以组织中的人,包括管理者和被管理者的行为和决策为管理实验的出发点和归宿。

三是分析工具不同。分析工具就是研究问题时采用的方法,经济实验中最常用的分析工具是数学模型和图像模型,如价值函数和权重函数及其图形,市场供给和需求曲线在双向拍卖实验中的应用,涉及的变量大多为需求、价格、产量、成本、利润等可量化的变量,经济实验多采用定量分析的方法进行研究。管理实验则是综合运用经济学、社会学、心理学、数学、哲学、伦理学等知识进行分析研究。涉及的变量主要有组织的目标、组织所处的环境、现有的条件、组织掌握的信息以及所采取的策略、战略等，这些变量通常无法直接度量，因而管理实验多采用定性与定量相结合的方法进行研究，其研究方法除数据模型和图像模型处，还有模拟和仿真等。

1.1.3 实验教学

实验教学是人才培养的手段，无论自然学科、还是社会学科，都需要通过实验的环节来培养学生的实践能力和创新能力。

（1）实验教学的定义

从字面上看，实验教学就是应用实验手段进行教学的过程。实验本来是人类探索和改造客观世界的重要手段，是人类实践活动的重要形式。但作为实验教学，其含义却不同于一般的自然科学实验或社会科学实验，它是一种在特定环境与条件下教与学的活动，它的实质是学生在教师指导下，借助实验设备和实验手段，选择适当方法，将预定实验对象的某些属性呈现出来，进而揭示实验对象本质，使学生获得感知、真知，从而达到对学生进行教育的目标。实验教学的这一特性，不但决定了其作为教学活动具有不同于课堂理论教学的特有规律，而且也决定了其在学生整个智育过程中不可被其他教学形式所取代的地位和作用。

（2）实验教学的特点

①实验教学是学生在教师指导下进行实验

在高等学校中，理论教学和实验教学是学校整个教学工作的两个重要组成部分。理论教学主要由教师讲授传播知识。实验教学是在教师有计划、有目的的指导下，学生运用理论知识，自己动脑、动手，独立地进行实验。学生在实验中通过观察、操作、测量、记录、运算和分析，不仅学会各种实验仪器设备的操作和使用，而且理论联系实际，加深对所学知识的理解。

②实验教学主要目的是让学生掌握科学的实验方法和基本操作技能

实验教学可以培养学生理论联系实际，综合分析问题、解决问题的能力，可以使学生掌握科学实验方法、基本技能和专业技能，提高科学实验能力，培养学生严谨求实、一丝不苟的科学态度和工作作风。特别是通过综合性、设计性或创新性实验，培养学生综合运用所学的知识，发现问题和解决问题的能力，学生还可以获得新技能、新发现、新知识。开设创新性实验是培养学生创新思维和创新能力的重要途径。

③实验教学具有直观性、实践性、综合性的特点

相对于理论教学，实验教学更具有直观性、实践性、综合性的特点。因此实验教学对于高等学校人才培养十分重要，具有课堂理论教学不可替代的地位和作用。

（3）实验教学的作用与意义

①验证理论、扩大知识面

实验教学的过程是学生在教师指导下，利用理论原理，借助实验室的特定条件，选择适当方法，作用于研究对象，将其固有的某些属性呈现出来，以提示其本质及其干什么，使学生完成从理性到感性再回到理性的认识过程。实验教学既是加深学生对基本理论的记忆和理解的重要方式，又是理论学习的继续、补充、扩展和深化，是帮助学生扩大知识面的重要手段。

②开发智力，培养实验能力

实验教学的核心是加强学生智能培养，增加其获取知识和运用知识的能力，提高其使用实验方法进行科学探索的能力，

也就是培养学生具有科技工作者的综合实验能力。它包括两个方面：一是基本实验能力，要求掌握本专业常用科学仪器的基本知识和操作技术、技巧，熟悉本专业的基本实验方法和一般实验程序，掌握应用计算机的能力等。二是创造性实验能力，通过实验总体设计、实验方向的选择、实验方案的确定，培养学生综合性分析能力和创新能力等。

③探索求知知识，总结完善科学理论

通过实验教学，让学生结合专业实验、毕业设计和毕业论文等，开发部分设计性和综合性实验项目，或直接参加科学研究和新产品开发等工作。不仅有助于学生学习已知的基本理论和培养实验能力，而且还有利于他们探索未知的知识领域，或者开发新产品。

④加强品德修养，培养基本素质

实验教学在育人方面有其独特的作用。它不仅可以授人以知识和技术，培养学生动手能力与分析问题、解决问题的能力，而且影响学生的世界观、思维方式和工作作风。通过实验教学，让学生学习辩证唯物主义的观点，养成实事求是、一丝不苟的严谨作风，培养团结协作、密切配合、讲科学的良好思想品德。

（4）实验教学的种类

①演示性实验

演示性实验是一种课堂直观教学，用于提高课堂教学效果，培养学生观察能力，加深学生对理论的理解和记忆。

②验证性实验

验证性实验是学生根据实验指导书和教程的要求，按照既定方法和既定的仪器条件完成全部实验过程，以验证课堂教学的理论，从而达到深化理论学习，培养基本实验能力，获得实验基础训练的目的。

③设计性实验

设计性实验由教师拟定题目，学生根据所学内容，确定实验方案，选择实验方法和步骤，选用仪器设备，独立操作完成实验，写出实验报告，并进行综合分析，以培养学生的思维能力、组织能力和技术能力，为将来从事实际工作打下基础。

④研究性实验

研究性实验是学生进行毕业设计、撰写毕业论文或科研论文时，在教师指导下，明确研究项目的任务与目标，提出解决办法，拟定解决方案；同时，运用实验手段与方法，进行综合分析、研究与探讨，独立地完成实验的全过程，以培养学生的独立研究能力和创造能力。

(5) 实验教学与理论教学的关系

实验教学与理论教学都是教学的一种形式和手段，是学校人才培养的路径。人才培养需要两种路径：一是通过理论教学提升专业基础知识和理论水平，二是通过实验教学培养专业技能。传统的观点认为实验教学的目的是验证课堂讲授的理论内容。实验教学的方法主要是实验前由老师讲解实验目的、原理、要求等；有些实验教师还会进行简单的操作示范，并在示范的过程中告诉学生每个需要注意的细节；然后是学生动手，老师从旁指导；实验结束后学生撰写实验报告。这种模式过分强调以实验验证理论的教学思想，忽视学生智能的培养。当代的实验教学应该适应当代的大学职能，融教育、研究、服务于一身，由单一型职能向综合型职能转变。此外，当代大学的人才培养模式也发生了变革，当代的大学生只掌握一些专门知识、专门技能是不够的，应该知识广博，拥有科学的头脑，做到明辨是非、静观得失、缜密思考，而不至于盲从。这些都对传统的实验教学提出了新的要求，当代的实验教学应该以教学型实验为根本，同时融入研究型实验。

比较来看，理论教学与实验教学存在几个显著差异：

一是教学手段不同。理论教学是以教师讲授为主，把相关知识通过讲解传授给学生，让学生知晓和了解相关知识和理论；实验教学是通过学生实际操作来掌握相关知识和技能，强调学生实际参与。

二是教学主体不同。理论教学目前仍然是教师是讲授的主体，学生是学习的主体；实验教学基本上学生是主体，教师是辅助。

三是教学条件不同。理论教学基本上不需要其他特别的教学设备，现在多媒体教学也仅需要电脑和投影仪；实验教学根据不同实验教学内容，必须依赖不同的耗材和设备，才能完成实验教学内容，并且基本上每位同学一套，大型设备多位同学共用一套。

四是教学效果不同。按学习金字塔理论研究，讲授型的理论教学学生在两周之后仅有 5% 知识掌握和记忆，而通过实际操作学习的知识和技能，两周之掌握的知识超过 75%，因此理论教学和实验教学在学生知识掌握的效果上差异较大。

五是教学方法不同。理论教学主要的教学方法有讲授式、主题讨论式、问题式教学等；实验教学方法有模拟、仿真、博弈、讨论等。

1.2 经济管理实验教学的特点及分类

1.2.1 经济管理实验教学的概念

经济管理实验教学和一般自然科学实验教学既有共同之处，又有显著的差别。自然科学的许多学科本身就是在实验基础上建立起来的，只有通过大量实验，才能让学生真正掌握本学科与本专业的理论知识，掌握本学科与本专业基本实验理论、方法与技能，得到以理论知识解决实际问题及工程素养的初步训练，并在实验研究中涉猎本学科与本专业前沿的新实验，养成科学实验的作风。经济管理实验教学是根据经济管理教学目的，利用相应工具、手段、实验数据及相应实践环境，按照经济管理专业教学计划而从事的理论联系实际的经济管理教学活动，包括实验课、技能训练课、案例分析等，以此让学生掌握经济理论模型、管理实务和应用技能以及经济管理实验分析能力的一种教学模式，是通过经济管理实验提供的条件和手段，开展专业知识学习，专业素质提升、专业技能培养和创造能力锻炼的教学活动。

1.2.2 经济管理实验教学的特点

（1）知识、技能和方法的综合性

经济管理实验教学的综合性主要是指经济管理类实验教学既涉及知识的掌握，也涉及技能和方法的训练。某些经济管理实验教学还涉及多个学科，是多学科理论与方法的综合。如电子商务、会计电算化、管理信息系统、网络营销、旅游管理信息系统等是信息学科与经济管理类学科的综合；管理会计是管理与会计学科综合；市场营销、财务管理、企业管理、证券投资、管理决策、投资理财、企业营运等都是相关多学科的综合。

（2）实验教学过程中角色的协同与交互性

经济管理类实验教学需要指导老师与学生、学生与学生间进行多角色协同与交互开展。模拟现实中企事业单位生产经营业务活动，需要不同岗位上的人共同完成，既可能是同一企业的不同岗位，也可以是同一企业内部同一部门的不同岗位，还可以是不同企业的不同岗位。模拟企业服务环境，需要不同政府管理部门和社会中介机构参与，这就需要不同机构的不同岗位进行协同开展实验教学。经济管理实验教学过程中，不同岗位的同学还必须进行信息交互协同，根据相关角色的处理过程和结果确定自己的处理方法，每个角色的处理过程既受其他角色的影响也影响着其他角色的处理；同时，由于不同岗位对学生技能和能力训练不同，要让每位同学能够训练不同岗位的基础技能和能力。没有交互，难以训练每位同学的综合能力和多岗位技能。如电子商务要模拟网上交易双方企业、银行、物流商、认证中心等不同经济组织有关人员协同完成电子商务过程。

（3）实验过程和成果的不确定性

经济管理实验过程受不同学生思维不同和采取的行为差异影响，实验过程和结果存在不确定性。在实验教学过程中，每位同学对方法、知识角色的理解存在差异和个性偏好，都会影响其对经济管理实验过程中的处理方法，这就使得每个角色在实验过程中既影响他人又受他人影响，呈现出不确定性。实验行为、思维和过程的不确定性必然带来实验结果的不确定性，意味着相同的实验过程会有不同的实验结果，甚至还可能出现没有正确结果的可能性，这种实验结果的不确定性是显著区别于理工类实验教学的特点的。

1.2.3　经济管理实验教学的作用

（1）传授知识，训练技能

经济管理实验教学把传授经济管理知识与训练经济管理技能统一在一个教学过程中。在这个教学过程中，不但根据教学目标有目的、有计划地进行经济管理知识传授，而且按照一定程序不断重复和深化经济管理技能训练。学生积累了一定的经济管理理论知识和技能后，就可以开展比较复杂的经济管理综合性与设计性实验，从而对已掌握的经济管理知识和技能起到深化与拓展作用。

（2）开发智力，培养能力

经济管理实验教学的核心是加强学生智能教育，培养学生综合能力。具体而言，经济管理实验教学在学生能力培养上，大致包括以下几个方面：观察思维能力的培养，动手操作能力的培养，分析解决问题能力的培养，研究设计能力的培养以及开拓创新能力的培养。

（3）养成作风，提高素质

经济管理实验教学的作用不但体现在育人方面，而且还体现在育德方面。这是因为经济管理实验教学可以促使学生学习辩证唯物主义的观点与方法，树立艰苦奋斗的献身精神，养成实事求是、一丝不苟的严谨作风，培养团结协作、密切配合、讲求科学道德的良好思想品德，进而不断提高综合素质。

（4）探索求知，发展科学

经济管理实验教学与经济管理科学研究相结合，促使经济管理实验教学探索求知，发展科学的作用逐步显现出来。一般来讲，研究生经济管理实验教学主要结合经济管理科学研究进行，相关经济管理实验活动已经把经济管理实验教学与经济管理科学研究融为一体；本、专科学生经济管理实验活动中的毕业设计、毕业论文、课程设计可以直接参加某些经济管理科学研究课题的研究与实验任务。

1.2.4　经济管理实验教学类型

经济管理实验教学根据不同标准可以有不同的分类。其中，最有现实意义的是按照以下两个标准所作的分类：一是按照经济管理实验教学的内容、形式及其作用分类；二是按照在经济管理实验教学体系中的地位或性质分类。

（1）按照经济管理实验教学的内容、形式及其作用分类

按照经济管理实验教学的内容、形式及其作用，分为技能性经济管理实验教学、演示性经济管理实验教学、验证性经济管理实验教学、模拟性经济管理实验教学、设计性经济管理实验教学、综合性经济管理实验教学以及研究性经济管理实验教学。

①技能性经济管理实验教学，即对学生经济管理基本操作技能的训练，以培养学生经济管理操作能力的敏捷性、准确性、协调性和灵活性，如办公自动化技能训练、商业自动化管理技能训练、国际贸易实务操作技能训练、会计电算化训练等。

②演示性经济管理实验教学，即利用现代化教学手段，将经济管理理论知识形象化发展给学生，以提高经济管理理论教学讲授效果，扩大经济管理授课信息量。演示性经济管理实验一般都是由教师操作，要求学生进行观察。

③验证性经济管理实验教学，即学生根据实验指导书要求，在教师指导下，按照既定方法和既定仪器条件，完成全部实验过程，以验证课堂学习的经济管理理论，理解与消化经济管理理论知识，培养学生经济管理专业能力。验证性经济管理实验一般都由学生操作，学生按照实验指导书，在教师和实验技术人员指导下在经济管理实验室内进行。

④模拟性经济管理实验教学，即通过模拟仿真现实社会中的经济与管理运作过程，向学生提供一个身临其境的虚拟社会生活场景，学生通过这个场景进行模拟演练，从而加深对所学经济管理理论知识的认识和理解。模拟性经济管理实验一般是由学生自己操作，学生按照实验指导书，在教师指导下，在模拟（仿真）环境下，承担某一任务或扮演某种角色进行虚拟

联系。模拟性经济管理实验教学主要有证券交易模拟、房地产投资模拟、社区生活模拟、EDI（电子数据交换）模拟等。

⑤设计性经济管理实验教学，即由教师拟定题目，学生根据所学内容，确定实验项目，选择实验方案和步骤、实验仪器设备，独立操作完成经济管理实验项目，撰写实验报告并进行综合分析，以培养学生的思维能力、组织能力和技能能力。在经济管理实验教学中，设计性经济管理实验教学主要有课程设计、项目设计、学年论文、学年设计以及毕业论文、毕业设计等，如电子商务网站建设、企业广告策划、人力资源管理等。设计性经济管理实验教学一般包括方案设计、资料查询、实施实验、实验总结等阶段。

⑥综合性经济管理实验教学，即在学生具有一定的经济管理基础知识和基本操作技能的基础上，运用某一课程或多门课程的知识，对学生经济管理专业技能和经济管理实验方法进行综合训练，以着重培养学生的综合分析能力、实验动手能力、数据处理能力及信息资源检索能力等。在经济管理实验教学中，综合性经济管理实验教学主要是指围绕某个专业或多门课程的实验教学，如企业资源计划，电子商务等，综合性经济管理实验教学一般在学生基本学完经济管理理论知识并掌握相应经济管理实验基本技能之后进行，因此综合性经济管理实验教学在选题上要注意广度和深度。

⑦研究性经济管理实验教学，即学生进行毕业设计、撰写毕业论文和科研论文，以及参加教师科研项目时，在教师指导下，明确研究项目任务与目标，提出解决办法，拟定解决方案，运用实验手段与方法，进行综合分析、研究与探讨，独立完成实验过程，以培养学生独立研究能力和创造能力。研究性经济管理实验教学，一般包括布置课题、查阅文献、实施实验、实验总结等阶段。

（2）按照在经济管理实验教学体系中的地位或性质分类

按照经济管理实验课程在经济管理实验教学体系中的地位或性质，分为经济管理公共基础实验教学、经济管理专业基础实验教学以及经济管理专业综合实验教学。

①经济管理公共基础实验教学，包括两个部分：一是与经济管理基础课程相联系的经济管理实验教学；二是与经济管理专业教育的公共基础课程相结合的经济管理实验教学。

②经济管理专业基础实验教学，即借助专门经济管理信息处理技术和软件开发技术所进行的，与经济管理实务及现实应用有着密切关系的经济管理类专业的专业基础课程实验教学。经济管理专业基础实验教学一方面体现为在经济管理理论基础上的实务性教学实践，通过运用经济管理理论知识和经济管理软件系统，提高学生对经济管理课程教学内容和知识的掌握；另一方面帮助学生提升分析、处理经济管理问题的能力并体现经济管理专业素质教学的要求。

③经济管理专业综合实验教学，即具有综合能力培养的、体现经济管理专业知识和专业技能、与信息技术综合应用的经济管理专业课程实验教学。经济管理专业实验教学可以通过与经济管理案例教学、经济管理实践教学相结合，也可以通过设计综合性的经济管理实验项目来完成，甚至可以同经济管理专业社会实践活动结合进行。

1.3　经济管理实验教学平台的特点及分类

1.3.1　经济管理实验教学平台的定义

平台既有实物内涵，也有虚拟概念。如实物方面理解，平台是晒台，是生产和施工过程中，为操作方便而设置的工作台，有的能移动和升降，如景观观赏平台、屋顶平台、晾晒平台、施工平台、操控平台等。从计算机角度理解，平台指计算机硬件或软件的操作环境，如常说的 Windows 平台，苹果平台等。一般理解平台为进行某项工作所需要的环境或条件。

教学平台是指为开展教学实践使用的一系列软硬件资源的统称。其中包括提供开展教学实践的场所（传统的有教室、操场等，新型的有网络、电视等）、教学方式和教学手段（多媒体教学、情景教学、视频教学等），还包括设立的课程（教材资源，教学设备等）。由于其内容的不同，教学平台有其特有的实现方式，有传统的以教师课堂为主体的教学平台，有以网络为基础的网络教学平台，有以电视视频为载体的远程视频教学平台，有以实验设备和模拟环境为基础的实验教学平台等。随着社会对教育的重视程度越来越高，教学平台的发展也越来越快，由单一的以教师为中心发展到现在的综合性教学模式，越来越多地利用科学技术的发展改变传统教学模式。教学平台又可以包含有多媒体教学平台、电教平台、实验室、实训室等，为人才培养和教学需求而搭建的平台都可以称之为教学平台。随着实验教学作用的进一步提升，实验教学平台在人才培养中的地位和作用也进一步彰显。实验教学平台就是开展实验教学使用的一系列软硬件资源的统称，同样也包括提供开展实验教学实践的实验室、教学方法、课程、教材资源、设备等。

经济管理实验教学平台具有普通实验教学平台的特征，是开展经济管理实验教学使用的一系列软硬件资源的统称，既包括开展经济管理实验教学的实验室，也包括经济管理实验教学方法、经济管理实验教学课程、经济管理实验教学课程教材、经济管理实验软件系统和硬件设备、经济管理实验数据库和案例库等经济管理实验教学资源。它是经济管理实验教学不可缺少的物质基础和必备条件，经济管理实验教学的质量和水平很大程度上取决于经济管理实验平台的性能状况和先进程度。受经济管理学科特征的影响，以及现代实验室建设的开放性趋势，经济管理实验教学平台从空间上看，既包括校内经济管理实验教学资源，也包括校外经济管理实验教学基地和资源；从形式看，既包括物化的教学资源，也包括非物化的教学思想和理念；从条件看，既包括经济管理实验教学有形设备，也包括经济管理实验教学模拟软件、环境和教学数据库等；从主体看，既包括传统的教师，也包括学生，并且在实验教学中学生的主体地位更明显；从教学计划安排看，既包括计划内教学，即第一课堂教学，也包括非计划的开放教学，即第二课堂；从教学内容看，既包括专业教学内容，也包括与专业紧密结合的创新创业教学内容。

1.3.2　经济管理实验教学平台特点

（1）资源共享明显

经济管理实验教学平台由于经济和管理学科间紧密联系、手段相似，因此无论是教学资源，还是教学条件，以及教学方法，有很多是一致或可以共用的，如国泰安数据，既包括宏观经济数据，也包括上市企业财务数据，既可以作为经济类实验教学资源，也可以开展企业管理、财务管理实验教学。另外，经济管理实验教学平台硬件以计算机为主，开展经济类实验教学、管理类实验教学，均要依赖计算机，因此，可以说经济管理实验教学硬件平台均可共享。

（2）软硬资源一体

经济管理实验教学平台包括的教学资源丰富，既包括实验室、计算机、物理沙盘等硬条件。同时，还包括很多软件、数据库等资源，且软件资源和硬件资源一体，不可能只有某一方面而开展实验教学。经济管理实验教学平台中的课程资源也与硬件融为一体，如开展 ERP、房地产企业经营管理实验教学等，都既依托软件资源，又依托课程资源，不同教学条件决定不同的课程教学内容，因此，经济管理实验教学平台软硬资源往往是融为一体的。

（3）开放性强

经济管理实验教学平台具有很强的开放性，课程资源受社会经济发展的影响，部分教学内容要根据发展变化而调整，如会计专业实验教学，会随会计准则的变化而调整教学内容，充分体现了平台的开放性。经济管理实验教学平台的开放性还体现在平台的空间具有校内外一体化，有些实验室、实验教学环节在校外生产一线开展。经济管理实验教学平台的开放性还体现在实验教学队伍的校内外一体化，一部分实验教学队伍来自于生产一线、具有丰富实践经验的行业专家。

（4）集成化突出

经济管理实验教学平台具有集成化的特点，一方面平台是各种教学资源的集成，这个平台既包括教学内容、教学方法，教学思想、教学队伍，还包括教学条件、教学设备、教学软件、教学数据、教学案例等。另一方面经济管理实验教学平台集成了服务对象的多样化，在经济管理实验教学平台中，可以开展经济类实验教学，也可以开展管理类实验教学，把服务对象集约化、集成为不同学科的实验教学服务。

1.3.3　经济管理实验教学平台的类型

经济管理实验教学平台很多，不同的划分标准也会有不同的类型。

（1）根据平台内容的物理特征，划分为硬性平台和软性

平台

①经济管理实验教学硬性平台

经济管理实验教学硬性平台是经济管理实验教学的基础，主要包括实验设备、实验软件系统和实验信息资源等。经济管理实验教学平台建设应当遵循超前规划、分步实施、综合利用、讲求效益，充分发挥硬性平台的作用，避免硬性平台建设中决策的盲目性以及投资的分散性与重复性。

设备主要包括主机系统（如主力服务器、专用服务器、UPS 不间断电源等）、网络系统（如网络交换设备、布线系统）、计算机、专用终端、配套设备（如投影仪、打印机、扫描仪、光盘刻录机）、物理沙盘（如 ERP 沙盘、人力资源系统沙盘、房地产经营沙盘）等。

软件系统包括系统软件（如服务器操作系统、小型机操作系统、微机操作系统等）、应用软件（即用于实验教学或科学研究的经济管理专业软件或模拟软件）、工具软件（如管理软件、防病毒软件、测试软件等）等。在建设经济管理实验教学硬件平台的过程中，应摒弃使用盗版软件，多渠道获取（含购买、接受捐赠、自主开发等）合法正版软件，坚决做到不侵犯软件知识产权，杜绝盗版软件解密不彻底或携带病毒所致麻烦。同时，应当充分考虑软件的先进性、配套性、稳定性、实用性、共享性、渐进性以及售后服务。

经济管理专业信息资源，即经济管理实验教学和科学实验赖以完成的专业数据库和专业信息库，如社会经济数据库、CCER 经济研究数据库、CSMAR 系列研究数据库等。经济管理实验教学平台专业信息资源，就是根据经济管理实验教学、经济管理科学研究和经济管理实验室管理工作需要，收集配备或开发经济管理专业数据库系统和信息库系统。在经济管理专业信息资源中，应特别注意加强经济管理专业网络信息资源，及时捕捉互联网上非线性的、动态的经济管理专业电子信息，精选符合经济管理实验教学与研究主题范围的电子信息资源，并对其进行筛选、分类、标引、注释、评价，按学生、教师、科研人员熟悉的检索习惯分类编排后，利用超文本链接技术对其进行虚拟链接，以营造一个经济管理专业网络信息资源信息库，便于学生、教师、科研人员方便、快捷、全面、准确地检索所需经济管理网络信息。

②经济管理实验教学软性平台

经济管理实验教学软件平台是硬件平台发挥作用的各种软性资源，软件平台包括教学平台、管理与制度平台、队伍与技术平台等。

教学平台从内容上看包括经济管理实验教学课程体系、课程、教学内容、教学方法、教学监控等。从教学内容上看，教学平台包括计划内教学资源、开放实验教学、创新创业教学、综合实训等；从教学资源看，教学平台包括教学管理信息平台、经济管理实验项目资源平台、经济管理实验教材资源平台等。

管理与制度平台从经济管理实验教学单位组织角度看，包括宏观管理体系与制度、内部管理组织与制度；从管理对象看，包括实验室建设管理制度、实验教学制度、实验队伍制度等；从管理效用看，包括惩罚性管理与制度、激励性管理与制度、规范性管理与制度等；从管理体系看，主要包括各级政府及其职能部门颁发的规章制度、由学校制定的规章制度、由经济管理实验教学单位制定的规章制度等；从制度内容上看，主要包括实验教学组织管理制度、实验教学行政管理制度、实验教学人事管理制度、实验教学质量制度、实验教学安全管理制度、实验教学设备管理制度、实验技术管理制度、实验合同管理制度等。在管理与制度平台运行的基础上，还必须不断提高执行经济管理实验教学规章制度的自觉性，加强监督和检查，重视管理人员的模范作用，有效保障和促进经济管理实验教学运行及其发挥对人才培养应有的作用。

队伍与技术平台一般包括队伍平台和技术平台两个方面。队伍与技术是两个相互依附的因素，队伍是技术的保障，技术是队伍质量与水平的表征之一。根据经济管理实验教学运行的环节，队伍平台主要包括教学队伍、管理队伍、技术队伍等方面。管理队伍主要指经济管理实验教学过程中从事管理服务的工作人员构成的队伍，如经济管理实验课程安排、质量监控、队伍管理等。教学队伍主要由从事经济管理实验课程教学、课程开展的教师组成，在大多数高校，一般这支队伍既承担理论教学，也承担实验教学任务。部分高校也培养形成了一批专门从事经济管理实验教学的专门化教学团队。技术队伍是经济管理实验教学管理过程中形成的专门从事技术的队伍，通常包括经济管理实验教学过程中计算机、网络、专业软件、耗材准备等技术工作人员。但随着经济管理实验教学内涵的扩展，其包含的技术也不断发展演变，因此，技术队伍从事经济管理专业软件开发、经济管理信息资源管理和系统开发、经济管理实验教学方案设计等工作人员也划为技术队伍。随着多学科的融合交叉，队伍与技术平台内容将不断发展、演变和拓展。

（2）根据服务人才培养功能差异，经济管理实验教学平台可分为实验课程教学平台、开放实验教学平台和创新创业实验教学平台

①经济管理实验课程教学平台

在教学手段现代化趋势下，公开课程资源、公开授课过程已成为全球教育界的共识。经济管理实验课程教学平台也是通常说的第一课堂课程资源，在适应社会经济快速发展、全球教育教学大进步、与信息大融合形势下逐步建设和不断完善。经济管理实验课程教学平台是在遵循理论与实验相对独立的理念

下，经济管理实验教学在人才培养中的定位和作用指导下，形成的不同层次的教学资源和人才培养路径，它是经济管理实验教学的物化形式与教学思想集聚成果，是人才培养过程中知识传播、能力培养、实践训练的基本载体。其分为广义的课程平台和狭义的课程平台。广义的经济管理实验课程教学平台包括所有与课程资源相关的软、硬条件和队伍，以及与课程相关的实验项目、实验教学体系、实验教学环境等。狭义的经济管理实验课程教学平台包括经济管理实验教学体系、经济管理实验教学课程、经济管理实验教学方法、经济管理实验教学模式、经济管理实验教学课程考核、经济管理实验教学课程要件、经济管理实验教学课程规范等。

②经济管理开放实验教学平台

知识经济和经济全球化对高等学校人才培养工作提出了新挑战，高等教育必须走开放教育之路，开放实验是开放教育在实验教学中的具体化。经济管理开放实验教学平台是相对于传统计划内实验教学而言的，强调实验教学内容是课程延伸，实验教学时间由师生自主确定，实验教学场地相对灵活，也就是我们通常说的第二课堂，参与实验教学学生打破专业、学院和年级等。经济管理开放实验教学具有开放性、自主性和灵活性等特点，可以充分发挥学生自主性，可以实现学生跨专业学习、跨时间选修，为培养宽知识、强能力的人才发挥重要作用，因此经济管理开放实验教学平台与普通实验教学平台存在一定差异。经济管理开放实验教学平台包括主体、客体和对象三方面，也即开放实验师生主体、开放实验时间和空间、开放实验教学项目和教材等资源。具体看，经济管理开放实验教学平台包括经济管理开放实验教学体系、经济管理开放实验教学项目、经济管理开放实验教学质量监控、经济管理开放实验教学队伍、经济管理开放实验教学信息系统、经济管理开放实验教学管理与制度保障等。

③经济管理创新创业实验教学平台

我国高等教育大众化要求高校创新创业教育与专业教育结合，面向全体学生，融入人才培养全过程。由于经济管理实验教学与社会经济紧密结合，与创新创业教育结合具有其他学科无法比拟的优势，也是最近几年国内高校经济管理实验教学中形成的一个新领域——经济管理创新创业实验教学。经济管理创新创业实验教学是创新创业教育与实验教学结合，创新创业教育与专业实验教学结合，实践实训与创新创业结合的产物，在某种程度上可称"第三课堂"。经济管理创新创业实验教学平台包括经济管理创新创业主体、经济管理创新创业实验教学资源、经济管理创新创业实训条件、经济管理创新创业专业竞赛、经济管理创新创业指导团队、经济管理创新创业实验教学空间与场地、经济管理创新创业实验教学管理等。

1.4 经济管理实验教学平台建设现状及发展思路

1.4.1 经济管理实验教学平台建设现状与问题

实验教学平台是各学科实验教学的基础，是培养学生创新能力和实践能力的载体。它既是物化的形式，也是思想的集成。通过长期建设，特别是近十年来，通过各级示范中心和重点实验室建设，实验教学平台硬件条件和技术环境都有了大大的提升，实验教学内涵也不断丰富拓展。经济管理实验教学起步较晚，但近十年来发展很快，在实验教学资源、实验教学软件、实验教学场地、实验教学环境等方面有了长足发展，能很好地满足经济管理人才培养需要。特别是通过几轮示范中心建设，有29所高校拥有国家级经济管理实验教学示范中心或建设单位，形成了全国各具特色的国家级经济管理类实验教学示范中心和一批省级实验教学示范中心；逐渐形成专业水平高的经济管理实验教学队伍，对国家级实验教学示范中心队伍统计，高级职称超过70%；形成了分层次、模块化、与理论教学相对独立的经济管理实验教学体系；实验教学资源丰富，购置了国内外经济管理数据库、案例库；探索形成了相对完善的制度保障和管理保障。但经济管理实验教学平台建设仍然存在一些问题，突出表现在以下几个方面。

（1）重视程度普遍不够，建设理念较为落后

我国高校普遍存在重视理论教学轻视实验教学、实验教学依附于理论教学等陈旧观念。实验教学中心一般也被认定为教辅单位，在校内地位较低、甚至可有可无。经济管理实验教学中心更是备受歧视，一些人认为经济管理专业根本不需要开设实验课程。目前，这些观念和认识对经管类实验教学平台的建设和发展形成了不少的阻碍和阻力，直接后果是教育主管部门和高校对经济管理类实验教学平台的建设经费投入不足，相关激励或奖励政策往往将实验教学排除在外，更谈不上对实验教学实施特殊优惠政策。许多高校在具体的实验室建设和实验教学过程中，局限于封闭的实验室建设模式，闭门造车，没有很好地与社会、与企业结合，实验教学基本上是在固定的场所利用计算机模拟进行，既不能让学生有身临其境的立体模拟感受，也不能保证实验环境、实验教学内容等不断更新与完善，实验教学效果可想而知。

（2）实验教学体系缺乏系统性，教学资源缺乏融合性

系统的实验教学体系应该充分体现三个适应：与理论教学体系相适应，与人才培养目标相适应，实验课程之间相互适

应。目前，经管类实验教学体系还很难与理论教学体系真正做到相辅相成，实验课程与理论课程之间的矛盾普遍存在，实验课程的设置没有充分考虑学生能力培养的需要，难以形成基于能力培养的系统体系。例如在学科综合实训和创新创业教育方面，虽然人们都承认其对学生能力培养的重要性，但目前高校在相关课程设置、综合实训基地和创业基地建设等方面却十分薄弱。实验课程之间相互脱节和重复的情况也普遍存在，从而也使得实验教学体系缺乏系统性。长期以来，经济管理类专业受实验教学内容和教学方法的局限，加上各学科专业分工细、口径窄，附属于各专业课的实验课教学内容单一，缺乏综合性、创新性实验教学内容，因此，在经济管理类专业实验教学平台建设中，普遍存在仅仅从各专业实验教学的单一目标要求出发，进行相关实验室硬件和软件建设的情况。各个专业实验室的实验教学资源处于相对孤立、分割的状态，实验教学资源缺乏有效的整合与配置，使实验教学资源建设存在一定的浪费，没有很好地融入学科建设之中。同时，由于缺乏深入广泛的校企合作，高校在实验教学中引入的优质社会资源也相对偏少。

（3）硬件建设发展较快，软建设滞后、利用不充分

理工科实验平台建设起步早，形成了很多经典性实验和理念，且理工科实验专业性强，设备仪器投入要求高，设备共用性、共享性差，一个实验项目可能就需要一台专门的仪器设备，且难以与其他实验项目共用。经济管理实验教学发展较晚，在建设之初较多借鉴其他学科，特别是理工科实验室及平台建设的经验和办法。目前，经济管理实验教学平台普遍存在以硬件建设为重点，以硬件建设投入占主要，而经济管理实验教学必需的教学资源、教学队伍、技术队伍、教学方法和模式等软内容建设相对于硬件滞后。很多学校出现建设的经济管理

实验室，由于软内容建设滞后，而出现利用率不高，在人才培养中没有真正发挥作用。经济管理实验教学平台建设的目的是支撑经济管理专业人才培养目标，但一直以来，开设经济管理类专业的学校多，基本上形成了"无校不经管"的现象，认为经济管理专业人才培养是课堂上讲讲、校外去看看就可以培养优秀的经济管理类人才，不重视经济管理专业人才对实践、实训的需求。因此，应对各种专业建设、学校评估等，学校会对经济管理实验教学平台硬条件进行一定投入，并希望这些投入是有形的，是可以观看、可以摸得着的设备和仪器，既提高了学校生均设备值，也扩大了实验室空间，但由于不重视与相应实验条件相匹配的、甚至适当超前的实验教学项目设计、实验教学方法研究、实验教学队伍建设，出现有设备、有软件，而没有充分利用，没有真正发挥效用。

（4）平台建设的同质化严重，特色不突出

经济管理专业实验教学平台在有相关专业的学校逐步建立，在各自高校都形成一定实验室规模和资产价值的经管实验教学硬平台，形成了具有一定规模的经济管理实验教学队伍。但各高校经济管理实验教学平台同质化突出，表现为无论是中职学校、高职学校、应用型本科院校，还是研究性大学，平台多以"软件+计算机"为主，辅以沙盘等其他形式的经济管理实验教学环境。经济管理实验教学方法落后，缺乏专门的经济管理实验教学队伍，实验项目验证和流程操作性多，这都是目前各高校实验教学缺乏特色的表现。由于各高校人才培养目标不同、各学校学科优势不同、人才培养定位不同、服务区域不同，在经济管理实验教学平台建设中，应紧密结合学校学科特色、人才培养目标、社会服务领域，形成各具特色的经济管理实验教学平台。

1.4.2 经济管理实验教学平台建设原则

经济管理实验教学平台建设是一项涉及内容丰富，影响人才培养质量的重要工作，为保证平台建设的科学性，应坚持以下几项原则。

（1）科学统筹原则

经济管理实验教学平台建设是充分发挥其在培养高素质应用型、创新性人才中重要作用的基础。经管类实验教学平台建设应立足于本校学科专业发展的全局，立足于学生创新精神、创造能力和实践能力的培养，从实验教学体系建设、硬件建设、师资队伍建设、开放管理等方面进行全面统筹考虑、整体架构和超前设计。实验教学平台的布局应体现时代特点，具有超前意识。实验教学平台建设应融入学校教育事业发展规划和学科专业建设规划之中，为学校的改革发展与人才培养奠定基础。实验教学平台建设还要符合高等教育信息化、现代化、国际化的发展趋势，为实验教学平台的进一步发展留足空间，保证其建设的科学性和可持续性。

（2）系统性原则

经济管理实验教学涉及内容多，既有硬件实验教学条件，又有软的教学资源；既包括物化的教学资源，又有实验教学队伍；既有传统技能训练，又有信息技术融合的操作练习；既有制度保障，又有资金支持等。因此，经济管理实验教学平台建设要坚持系统性原则，统筹好各方面的条件和资源，注重硬条件与软建设协调，注重教学内容与教学队伍协调，注重校外基地与校内实验协调，注重资金保障与适度超前协调，注重能力培养与技能训练协调。

（3）能力本位原则

教育部启动实验教学示范中心建设的首要目的就是要转变

传统的重理论轻实践的观念，树立以学生为本，知识传授、能力培养、素质提高、协调发展的教育理念，确立以能力培养为核心的实验教学观念。因此，对于高校经济管理实验教学平台建设，应努力探索建立以能力为本位的经济管理实验教学体系和教学模式、实验教学资源、实验教学环境等，优化实验课程体系和实验项目，不断增加综合性、设计性、创新性实验课程或项目，改革实验教学方法和考核评价方式，探索新的教学资源建设路径，充分调动和发挥学生的主动性、积极性，以有利于培养学生实践能力和创新能力，优化各教学环节和教学平台建设。

（4）资源共享原则

经济管理实验平台建设和实验教学应打破由院（系）以及专业教研室分割而垒起的"实验室高墙"，对实验室的资源进行重新整合与优化配置，通过校企合作等多种途径从企业引入优质资源，做到对内整合，对外延伸。实验室除满足各专业的实验教学需要之外，还可支持教师和学生的科学研究，从而提高教师的专业知识应用能力，改变教学中不合理的知识传授结构。实验教学平台还可为社会服务，为企业培训提供案例、数据资源和场所，进而提高实验室和实验资源的利用率，增强实验资源的规模效益。

（5）软硬资源一体原则

在高校经济管理实验教学平台的建设中，既要重视实验室硬件建设，更不能忽略"软"建设。重视"软"建设，一是要重视实验教学，避免出现重实验室建设，轻实验教学的情况，改变只管建、不管用的倾向，努力提高实验资源的利用率，提高实验教学效率。二是要重视实验室管理，加强对实验室资产、实验室运行、实验室人员、实验室考核等管理。三是要重视软性实验教学资源的开发与建设，这里的软性实验教学资源除了实验教学软件之外，还包括实验案例库、实验数据库等。四是重视实验教学中"人"的因素，充分发挥实验教师和学生的积极性、主动性和创造性。

（6）开放互动原则

经济管理实验教学平台建设要坚持开放性原则，保证人才培养要求。主要体现在人才培养与社会需求的开放互动、实验教学与理论教学的开放互动、学校与社会（企业或政府）的开放互动、教师和学生之间的开放互动。

（7）集成化原则

经济管理实验教学平台是各种教学资源的集成或集约，既包括教学内容、教学方法、教学思想、教学队伍，还包括教学条件、教学设备、教学软件、教学数据、教学案例等。经济管理实验教学平台服务对象多样化，也就是在经济管理实验教学平台中，可以开展经济类实验教学，也可以开展管理类实验教学。随着内容的扩大，经济管理实验教学平台还是其他不同学科教学、研究的承载平台。因此，经济管理实验教学平台建设要坚持集成化原则，实现教学资源的高效化。

1.4.3 经济管理实验教学平台建设思路

结合实验教学平台建设原则，经济管理实验教学平台建设总体思路是充分把握未来发展趋势，树立具有时代特征的新型教育理念和人才培养观，建立以培养学生实践能力、创新能力和提高教学质量为宗旨，准确定位经济管理实验教学平台建设目标，以改革创新为核心，以实验资源开放共享为基础，以高素质实验教学队伍和完备的实验条件为保障，创新管理体制机制，全面提升实验教学水平和实验室使用效益。具体体现为以下几方面：

（1）建设目标：培养和提升学生实践能力和创新创业能力

经济管理实验教学平台建设是人才培养的重要支撑和保障。平台建设过程中，要以培养和提升学生实践能力和创新创业能力为中心，树立全员、全程育人的理念，在经济管理实验教学的所有过程中，服务于学生。要充分依托学生，调动和发挥学生主动性，让学生积极参与和投入到教学实验中，在实验中实现知识传授和理论创新，实现培养学生创新创业能力的实践能力的目标。

（2）建设路径：理论实验结合、模拟实战结合、专业创业结合、教学科研结合、一二课堂结合、学校企业结合

经济管理实验教学平台建设要坚持理论与实验结合，既注重理论建设，又应用理论创新实验，还要通过实验创新经济管理学科理论，培养学生理论创新的实验手段能力；经济管理实验教学平台建设，要树立实验教学和理论教学同属于学生能力培养的两种途径、相辅相成、协调发展的理念，在平台建设过程中，构建理论教学与实验教学并重、统筹协调的实验教学体系，形成支撑人才培养的重要实验教学路径。经济管理实验教学平台要逐步去虚拟化，实现模拟与实战的结合，让学生在校内实验室参与经济管理实战，在实战中锻炼和提升实践能力；经济管理实验教学平台建设，要把企业行业的真实数据、案例纳入实验教学内容，引入课堂中，通过实战教学让学生切身感受到某行业的整个业务流程，真正实现实验内容由模拟到仿真甚至全真的发展，缩短经济管理专业学生工作适应期。经济管理实验教学平台建设要适应人才的大趋势，充分把握目前创业教育的新要求和需要，进一步强化专业实验教学与创业教育结合；经济管理实验教学平台建设要在专业教育中融入创业意识的培养和创业知识的传授，创业教育中提升学生的专业技能，

专业技术的训练和培养中增强创业能力，实现专业能力提升与创业能力培养相互促进、相互推动。经济管理实验教学平台的建设要应用科研成果，反馈于实验教学中，实现科研促进教学、教学补充科研的良性互动局面；经济管理实验教学平台建设要注重实验教学和科研资源共享，打破科研与教学资源两条线、各建各的现状，实现实验资源在教学和科研上共享、共用，共同育人、共出成果，做到实验教学为科研培养人才，科研成果转化为教学内容和实验项目。经济管理实验教学平台建设要突破课程教学的范畴，把实验教学延伸到第二课堂，实现实验教学一课堂与第二课堂的有机结合，做到学生第一课堂学基础与理论，第二课堂发展兴趣促创新；经济管理实验教学平台的建设要重视第二课堂的实验教学活动，弥补第一课堂的不足，做到两个课堂互动交融；要满足学生一二课堂的需要，开发实验课程，开放实验资源，特别是要拓展创新创业实验教学的内容，实现同时培养专业实践能力和创新创业能力的目标。经济管理实验教学平台建设要充分汲取社会实践资源，打破封闭式建设模式，充分应用校外企业、事业单位等机构对实验教学的补充，形成实验教学资源来源于校外、应用于课堂，建设经济管理实验教学校外实验室，形成校企互动、互为资源，共同培养人才的格局。

（3）建设内容：实验课程教学平台、开放实验教学平台和创新创业实验教学平台

经济管理实验教学平台建设内容主要包括实验课程教学平台建设、开放实验教学平台建设和创新创业教学平台建设。实验课程教学平台是经济管理实验教学建设的核心，是培养学生实践能力和创新创业能力的载体，它包括支持不同能力培养和知识传授的实验项目和实验课程，以及由此按规律或层次构成的实验课程体系。开放实验教学平台是实验教学一二课程结

合、模拟与实战结合、校企结合的重要载体和体现，开放实验
教学平台包括构建完善的开放制度、建设开放实验课程和项
目、组建开放实验"双师型"指导队伍，开展与专业紧密结
合的学科竞赛和论坛等。创新创业实验教学平台是实验教学的
提升和最高层次，它包括培养创新创业能力的一二课堂实验教
学，创新创业模拟训练、创新创业实战等，它需要充分与专业
实验教学相结合，实现专业能力培养与创新创业能力培养
融合。

(4) 建设保障：队伍、管理、条件和监控四位一体

实现经济管理实验教学平台建设目标和内容，需要经济管
理实验教学队伍保障、管理保障、条件保障和监控保障等。管
理保障是实现平台建设的重要支撑，是实验教学平台建设和实
验教学运行的前提，它包括实验教学管理体制、教学运行管
理、实验设备管理等。实验教学队伍保障是实验教学的根本和
关键，没有优秀的实验队伍，难以支撑经济管理实验教学平
台，它包括队伍组成、队伍结构、队伍素质，以及队伍与实验
教学平台协调、队伍的培训和提升机制等。实验条件保障是经
济管理实验教学平台建设的基础，没有条件保障，实验教学也
就"巧妇难为无米之炊"，实验条件包括经济管理实验教学平
台需要的实验设备、实验软件、实验资源等。监控机制保障是
经济管理实验教学平台高效运行的重要手段，它是保证实验教
学质量和实验教学效果的关键。缺少监控机制，就难以保障实
验教学条件的有效利用、实验教学内容的顺利开展和实验教学
组织的有序进行。

第 2 章

经济管理实验课程教学平台建设

实验课程建设是实验教学建设的核心，是深化实验教学改革，提高实验教学水平，提升人才培养质量的关键。近十年来，随着各高校对经济管理实验教学地位认识的转变，经济管理实验教学取得了长足的发展，成效也十分显著。许多高校构建了分层次、模块化的实验课程体系，部分高校打造了系列跨学科、跨专业的综合实训课程平台，也有部分高校开始构建创新创业实训教学平台。

但是，经济管理实验教学在取得巨大进展的同时，仍然存在诸多问题，重点表现在内涵建设不足，实验课程体系和实验项目内容需要不断完善，实验教学方法需要不断改革，实验教学团队需要不断打造和优化。因此，探讨实验课程教学平台建设具有十分重要的意义。

2.1　经济管理实验课程教学平台概述

2.1.1　基本概念

（1）实验课程的概念

①课程的概念。"课程"一词来源于拉丁文词根，指"跑道"（Racecourse）。学校的课程对大多数人来说体现为像跑道那样的东西，甚至有的专业教育者也认为，课程是比较标准的场地，学生在上面跑向终点（获取文凭）。那么，当你发现当前许多课程概念牢固地根植于这样的见解，即课程是所要掌握的学科内容的"跑道"，就不应当感到奇怪了。

在教育学中，"课程"是一种很难下定义且极易产生歧义的概念，如不同的观点分别认为课程是学习方案（Program of Studies）、课程是学程内容（Course Content）、课程是有计划的学习经验（Planned Learning Experiences）、课程是预知的学习结果的构造系列、课程是（书面的）活动计划等。

塔巴（Taha）发现，课程的这种极其宽广的经验定义毫无作用。她觉得若把陈述目标和内容概要之外的其他方面都从课程定义中排除掉，并且抛弃那些使学习经验条理化的任何东西，就可能使研究领域过于狭窄而不能胜任现代课程研究。她认为严格区分方法和课程似乎毫无成效，但在课程编制中所涉及的学习过程和学习活动的各方面与能划归于具体教授方法领域的那些方面之间，是需要作一些区分的。只有一些目标能由课程内容的性质、课程内容的选择和组织来完成，其他目标则只能由学习经验的性质和组织来完成。塔巴的成功之处在于把课程所涉及的学习过程和学习活动的各方面与教和教学领域内特有的那些方面区分开来。然而，塔巴关于课程概念的建议和重点是把目的、内容和方法这些更广泛（即更一般）的方面归属于课程的范围，而把更直接、更具体的方面归属于教和教学更为适当。

课程概念的多样性是必然的，对课程评价活动来说，最有用的定义要包括学习者已经获得的经验，不管是有计划还是无计划的。在课程的计划阶段不可能使用包含着已经获得的经验的定义，而只能是包含着预期内容和活动的定义，这样就会产生出有计划的（期望中的）经验。此外，在计划阶段，把课程概念化为活动计划的确定的书面文件似乎是合理的。关于"课程"的定义目前至少有几十种，这一概念在内涵和外延上的复杂性由此可见一斑。

目前，我国在研究课程中，比较倾向地认为课程是指学校按照一定的教育目的所建构的包括各学科和各种教育、教学活动的系统。广义讲，是学校为实现培养目标而选择的教育内容及其进程的总和，它包括学校所教的各门学科和有目的、有计划的教育活动，其中包含了宏观课程与微观课程。微观课程的研究是指分别对各自独立的教学科目或学科的研究。宏观课程的研究是指对课程总体的研究，在高等学校可以指某一专业的课程体系，也可以指整个学校共同的课程体系。宏观课程研究所包含的内容有每门科目或教学活动在达到培养目标中的地位与作用、不同科目和教育教学活动之间的纵向和横向关系以及编排原则等。

②实验课程的概念。从实验教学角度探讨的实验课程本质上还是课程的一类，只不过是以实验教学这种有别于理论教学的教学形式开展教学的特殊类型的课程。同时，这类课程又具备教学范畴的实验的几个维度特征。实验教学课程主要指依据实验教学大纲规定，按照实验项目的任务，在实验室借助一定的实验教学设备、软件或场景才能开展的，为达到实验项目目

的的，在教师组织和指导下，学生根据实验指导书内容进行的教学活动。

（2）实验课程建设的概念

按照有关研究理论，课程建设是指课程管理主体对各专业教学科目、教学活动、教学情境及其进程和学校教育情境的规划设计、组织实施、监控协调过程。课程建设有广义与狭义之分。狭义的课程建设是把学科建设中所取得的已成熟的学术成果作为一种知识体系，按照接受对象的情况和人的认识规律编写成教材，并通过各种教学手段传授给学生的一种活动。

实验课程建设是指作为实验教学管理主体的部门或单位对各专业的实验科目、实验教学活动、实验室及其设备、软件等条件的规划设计、组织实施、协调监控的过程。

（3）实验课程教学平台的概念

①课程平台。课程平台在国内外研究中很难找到相应的准确概念。一些文章有课程平台的提法也仅仅是从设计一个网络课程生成系统的角度，为不能利用信息技术制作网络课程的教师制作单门课程服务的课程平台，即具有网络教学平台的基本功能。落脚点是为了向社会公众提供开放式的课程资源和教学支持，使广大的学习者可以自主选择学习课程，满足学习者自我设计和终身学习需要的模块化、多层次、多通道的立体化课程平台，主要强调其开放性功能。

②经济管理实验课程教学平台。本书探讨的实验课程教学平台作为课程平台，也应当具备网络教学平台的基本功能和特征，即包含平台的技术服务和业务服务功能，但更重要之处在于：首先，实验课程平台是专门针对实验课程的，具体功能必须满足实验课程教学的特殊性。更重要的是，本书探讨的平台是指从实验课程满足整个实验教学活动和实现实验教学目标角度的完整的系统，包含了实验教学的团队、实验教学内容、实

验教学方法、实验教学软硬件条件、实验教学管理、实验教学质量保障等诸多方面有机协调构成的一个整体系统，其中实验教学内容、实验教学方法是该系统的核心。

2.1.2 经济管理实验课程教学平台建设的内容

实验课程建设是深化实验教学改革，提高实验教学质量的一项综合性整体建设工作，经济管理实验课程建设也不例外。深入开展经济管理实验课程建设的研究和实践，对提高经济管理实验课程建设质量、深化经管学科教学改革和人才培养将起到重要的推动作用。探索和明确经济管理实验课程建设的内涵，是开展经济管理实验课程建设的基础。经济管理实验课程建设主要包括以下内容：

（1）实验师资队伍建设

实验师资队伍建设是实验课程建设的先导，其建设内容主要包括师资队伍的学历结构、年龄结构、职称结构和学缘结构，以及学术水平、实验教学水平、教育理论和思想素质等。要建设具有一流水平的实验课程，首先要有具备一流的学术水平、丰富的实验教学经验、深厚的教育理论功底、扎实的实验教学技能、严谨的治学精神的实验师资队伍。

（2）实验教学内容建设

实验教学内容建设是实验课程建设的核心和主体，也是衡量实验课程建设质量的主要标准，其内容主要包括教学思想的改革与建设、课程体系建设、具体教学内容建设、实验教材建设、实验教学资源建设等内容。

（3）实验教学方法和手段建设

实验教学方法和实验教学手段建设是实现实验课程建设目标的主要途径和基本保证。在实验课程建设中，要紧紧围绕提高实验教学质量、加强素质教育和培养学生能力，结合专业特点、实验教学内容积极开展现代化实验教学方法、实验教学手段的研究与改革，确保实验课程建设质量。

（4）实验教学条件建设

实验教学条件建设是实验课程建设的重要保证，主要包括实验室软硬件、实验教学环境和实验教学氛围等建设。

（5）实验教学管理建设

实验教学管理是课程建设的组织保证，主要包括科学、规范、系统和配套的实验教学管理规章制度、实验教学质量评价体系、实验教学档案资料和实验教学激励机制等内容的建设。随着实验课程建设的发展和提高，不断提高实验教学管理水平，才能科学评价实验教学质量，确保实验课程建设的内容健康发展。

本章重点对实验课程内容、实验教学方法和实验课程管理等方面进行探讨。

2.1.3 经济管理实验教学课程平台建设的现状

（1）经济管理实验课程平台建设成效

近几年来，各高校经济管理类专业对实验教学的观念发生了重大变化，逐步认识到实验教学是不可或缺的重要教学类型，并以国家级和省级经管类实验教学示范中心建设为契机，投入大量资金建设实验室和实验教学软硬件条件，围绕实验课程大力推动实验教学团队建设，开展了大量的实验教学研究，使经济管理实验教学取得了长足的发展，成效十分显著。主要体现在以下几个方面：

第一，设置了独立的实验课程，形成了相对完善的实验课程体系。各示范中心及部分相关高校初步建立起了与理论课程体系协调又相对独立的经济管理实验课程体系，并实施了实验课程建设和教学。

第二，打造了一系列跨学科、跨专业的综合实训课程平台。经管类专业跨学科综合实训平台成为经管类实验教学示范中心近几年打造的实验教学平台重要内容。广东商学院、北京工商大学、重庆工商大学、贵州财经学院等多所国家级经济管理实验教学示范中心打造了跨学科综合实训课程，作为毕业生毕业实习前的校内实训，对学生知识综合应用能力、实践和创新能力、团队精神培养起到十分重要的作用。

第三，不断提升创新创业实训平台。创业教育成为世界教育发展的方向，西方发达国家目前已经成为相对独立的学科分支，美国已将创业教育纳入国民教育体系。当前我国创业教育在理论、实践和政策等方面快速发展，在国家政策支持和国家中长期教育改革与发展纲要的指导下，黑龙江大学、上海交通大学、中山大学、江西财经大学等著名高校很早就设立了创业教育学院等专门的创业教育机构，搭建了创业实训平台。2011年以来，以成立创业教育学院为载体的创业实训平台如雨后春笋不断涌现，创业实训平台的不断发展，已经成为学生创业实践的重要载体。

（2）经济管理实验课程教学平台建设存在的主要问题

经济管理实验课程教学平台在取得巨大进展的同时，目前仍然存在诸多的问题，重点表现在内涵建设不足，创新创业教育尚需长足建设。主要体现在：一是实验课程体系尚需不断完善。许多高校虽然建立了独立的实验课程体系，但不少实验课程的设立缺乏科学论证，课程之间存在交叉重合等问题，需要对体系进行重构，整合现有实验课程。二是跨学科综合平台建设还不够深入和完善，对应的实验教学团队还不够合理。三是创新创业平台的打造目前大都处于起步阶段，需要经过长时间的探索和建设。这些正是探讨实验课程教学平台建设的重要意义所在。

2.2 经济管理实验课程内容建设

2.2.1 经济管理实验教学课程内容概述

（1）经济管理实验教学课程内容的含义

宏观上讲，实验课程内容是指实验课程体系；微观上讲，实验课程内容就是某一实验课程的实验教学内容，即每门实验课程及课程包含的实验项目的内容。实验课程体系是该专业所有实验课程及项目按照人才培养目标逻辑关系构成的课程系统。实验课程体系建设是从整体上建设实验课程的内容，而具体的实验课程则是具体的人才需求培养目标的实验教学内容。每门实验课程的教学内容主要包括教学思想的改革与建设、知识内容建设、实验教材建设、实验教学资源建设等方面。

（2）经济管理实验教学课程内容建设的意义

教学内容建设是课程建设的核心要素。在课程建设过程中，要以专业培养目标为依据，同时结合专业特点、办学层次以及各门课程在整个培养计划中所处的地位。实验课程是整个教学体系的重要组成部分，对实验课程内容及其结构进行整体优化和改革，围绕知识、能力、素质三位一体思路，构建新的实验课程体系、整合实验课程、完善实验项目内容具有相当重要的作用。先进、合理、系统的实验课程与项目内容是实现人才需求培养目标的关键。通过管理学实验、会计学实验、统计学实验、管理信息系统实验、计量经济学实验等经管类学科基础的重点打造，满足经管类专业通过实验教学对"厚基础、宽口径"的人才要求；通过综合性、设计性、研究型和创新型实验项目与课程，培养学生的创新精神与创新实践能力。

2.2.2 基于能力为核心的目标导向的经济管理实验课程内容建设

课程体系直接服务于人才培养目标，课程体系的形成必须围绕培养目标的实现，实验教学内容的构建也必须紧紧围绕人才培养目标，人才培养目标是确定实验教学目标的根本依据。

（1）以能力为核心的实验教学目标

所谓能力，是指个体在活动中表现出来的并影响活动效率的心理特征，客观表现为一个人运用知识和智力顺利完成一项工作任务的本领。就专业能力而言，就是应用专业知识去分析问题和解决实际问题的能力。能力可分为一般能力和特殊能力，个体完成一切活动都必须具备的能力叫一般能力，也称为通用能力，包括：思维能力、观察能力、语言能力、想象力、记忆力、操作能力等；个体从事某种专业活动应具备的各种能力的有机结合而形成的能力称为特殊能力，其特征是专业知识和专业能力的融通和结合。

实验教学目标是师生通过实验教学活动预期达到的结果或标准，是学生通过实验以后将能做什么的一种明确的、具体的表述。主要描述学生通过实验后预期产生的行为变化，实验教学目标必须以教学大纲所限定的范围和各学科内容所应达到的深度为依据，必须服从、服务于人才培养这个总目标。目前，培养知识、能力、素质三位一体的高素质应用型、复合型人才是众多高校公认的人才培养目标，实验教学是实现该目标的一种重要途径，而通过专业实验教学体系确定的实验课程教学对能力的培养更是至关重要，人才培养目标的核心是能力培养。因此，必须以能力为核心开展经济管理实验课程内容建设。

以能力培养为核心的实验教学目标对落实实验教学大纲、制订实验教学计划、组织实验教学内容、明确实验教学方向、确定实验教学重点、选择实验教学方法等起着重要的导向作用。在以能力为核心的目标导向指导下，以能力为中心设计课程体系，以能力为目标改进教学方法，以能力为标准建立综合教学考评体系。下面将就经管类基于能力为目标导向的实验课程体系构建进行探讨。

（2）基于能力为核心的目标导向的经济管理实验课程体系构建

站在学科和专业角度，要建设实验课程内容，首先要明确建设实验课程之间的逻辑关系，也就是首先要建立起专业实验课程体系，再具体建设每一门课程。而课程的确立不是凭空的，必须依据人才培养目标，必须基于目标导向来设计实验课程，由人才需求确立的培养目标体系来构建实验课程体系。我们把实验课程确立（实验课程体系构建）和每门课程具体项目设计建设都视为实验课程内容建设的范畴。实验教学体系设计应遵循能力培养目标导向原则，即以各专业培养目标（能力）需求标准为依据设计实验项目和实验课程。体系构建过程如下：

①实验课程体系建设思路

在设计专业实验课程体系时，首先，应该对专业人才需求进行充分调研，特别是社会对各专业人才的培养目标（能力）需求内容；其次，根据调研情况归纳提炼成专业培养目标（能力）标准；再次，根据培养目标（能力）标准设计实验项目；最后，将若干实验项目按照一定逻辑整合成实验课程。若干实验课程构成某一专业的实验课程体系。具体流程如下：

人才需求调研──→提炼能力标准──→设计实验项目──→整合实验课程，构建独立的实验课程体系。

②实验课程体系建设过程

第一步：专业人才培养目标（能力）需求调研

只有采用科学的调研方法，确定合理的调研对象，广泛开展需求调研，才能准确掌握专业人才需求，制定合理的人才培养目标。调研对象应当包括在校高年级本专业学生、已经毕业且在对应工作岗位的本专业学生、企事业相关工作岗位的人员、社会相关咨询机构等，调研的手段可以是问卷、召开座谈会、网络等媒体进行相关数据的统计。重点是社会及用人单位对本专业毕业生专业培养目标（能力）的需求，不同的专业培养目标(能力)重要性以及相近专业人才培养目标(能力)差异点。

以重庆工商大学工商管理专业实验教学体系构建为例。该专业在构建实验教学体系过程中，项目组分别进行了行业需求调研、毕业生需求调研和在校生调研。围绕工商管理专业学生到底应具备怎样的知识、能力和素质，通过对区域内的汽车、房地产、管理咨询、通信技术、物流等行业的多家企业的高管或人力资源部门负责人的访谈，了解到现代企业对在高校工商管理专业的学生培养存在以下要求：

一是高度重视理论与实践的对接。企业呼吁高校应重视和加强与企业之间的联系。

二是需加强对基本技能的训练。应提高学生的基本技能，例如对财务会计知识的应用能力、公文写作的能力、计算机能力、英语能力等。

三是应注重对学生传统文化的培养。

四是要培养学生具有良好的思想品德与敬业精神。具体到工商管理毕业生方面，经访谈后发现，对社会的接触、对实践工作的专业领悟、对实践活动的信心和熟练程度、适应新环境的能力等被企业普遍看重，企业对工商管理人才需求的反馈要求归根结底都落在实践性的学习上。

在对在校生问卷调查中发现，相当一部分学生认为工商管理专业课程内容空泛，认为需要改变课程设置，增加实验实践课程，侧重运用。主要原因还是在于所学专业知识中技能过少，而学生又缺乏对实践的体会。

对目前在校 2008 级和 2007 级工商管理专业的实践教学和实验课程的学习体会和学习要求进行座谈。在座谈会上，学生代表结合自己的实践经历和学习体会，在肯定实验教学的作用时，仍然反映：一是缺乏技能培训，缺少管理实践能力；二是缺乏对理论知识进行综合运用的锻炼；三是希望能够更多地走出校园，参加和融入真正的社会实践活动中去。

基于对工商管理实践活动的重要性和特殊性的认识，以及对学生在实践教学中表现出渴盼的理解，我们认为实践教学环节不仅在工商管理本科教育中要得到足够的重视，更应在实践教学的方式和方法上不断创新，弥补理论教学和传统实践教学方式的不足，才能培养出具有职业经理能力的工商管理毕业生。

以上调研获取的信息都对工商管理专业实验教学培养目标构建提供了有力的支撑。当然，项目组在获取专业人才培养需求的同时，通过综合分析社会的广泛需求并结合学校层次、学校在专业方面的实际情况和发展规划，将学校的培养目标"应用型、复合型高素质高级专门人才"调整为"应用型、复合型高素质职业经理"。即工商管理专业的培养目标是："本专业培养适应现代经济社会变革需要的，具有扎实的经济管理理论基础、专业知识和技能、良好的品德修养和身心素质，富有创新精神的工商管理学科高素质复合性应用型职业经理。"

第二步：构建专业培养目标体系

经过人才需求调研获取了一手的需求目标，还应当结合本专业所在高校制定的宏观人才培养总体要求和目标，构建专业培养目标标准体系，将宏观的目标指标细分为具体的培养目标要素，确定不同培养目标的考评及观测点，形成全面支撑知识、能力、素质三位一体的专业培养目标体系。专业培养目标体系在形成时，既要充分分析获得的当前需求一手资料，还要注重考虑社会发展对专业发展的影响，从而掌握专业人才需求的变化趋势并充分体现在培养目标体系中，使制定出的专业培养目标体系具有前瞻性和可测性。

以重庆工商大学工商管理专业实验教学体系构建为例。为了在夯实工商管理学生扎实理论的基础上更好地认清培养目标体系，开展对应的能力培养，从基础培养目标、核心培养目标、职业发展培养目标三个方面设计了工商管理专业学生的培养目标体系，体系内容见图2-1。

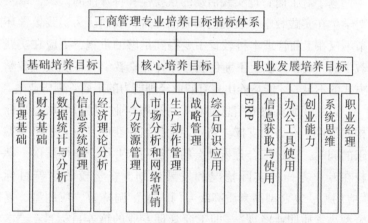

图2-1 工商管理专业能力指标体系

第三步：构建以培养目标为导向的实验项目体系

按照构建的专业培养目标体系，明确培养路径，针对培养目标指标或观测点，设计专业培养目标所必需的一个或多个相对独立的实验项目，明确实验项目设计目的、实验教学组织等。实验项目与培养目标明细指标之间的对应关系应该是一对一、一对多或多对一的关系。实验项目作为实验教学内容的基本组织单元，其内容应该是一个相对完整的基本内容。某个培养目标的明细指标可能涉及的教学内容较多，就需要设计多个项目来实现，反过来，有时一个实验项目就可以实现多个培养目标的明细指标。实验项目的学时和内容需要结合具体的实验教学组织、实验教学条件等实际情况进行设计。

第四步：构建分层次的实验课程体系

根据实验项目的类型特点，以及不同实验项目间知识的规律和逻辑性，构建由多个实验项目构成的一门实验课程。实验项目整合为实验课程时，要充分考虑实验课程学时数、不同实验课程前后顺序，专业目标培养与专业技能训练的不同，不同的技能和培养目标对应用型、创新型人才培养的作用存在差异。

这个步骤需要紧密结合实验教学体系，按照实验教学体系确定的教学层次和阶段，将实验项目归属到不同层次，同一层次的项目按照逻辑关系再整合成独立的实验课程。该体系具有一定层次性，不同阶段相互之间具有一定逻辑关系的整个专业的实验课程就构成了独立的专业实验课程体系。最后形成的专业培养目标指标与实验课程体系对应关系见表2-1。

表2-1 专业培养目标（能力）指标与实验课程体系对应表

培养目标类别	培养目标（标准明细）	实验项目	实验课程	课程类别
能力一：***	能力明细1. *** 能力明细2. *** 能力明细3. *** 能力明细4. ***	项目1. *** 项目2. *** 项目3. *** 项目4. ***	课程1. ***	***
	能力明细5. *** 能力明细6. ***	项目5. *** 项目6. *** 项目7. *** 项目8. ***	课程2. ***	***
	能力明细1. *** 能力明细2. *** 能力明细3. *** 能力明细4. ***	项目9. *** 项目10. ***	课程3. ***	***
能力二：***	…………	…………	…………	***

表格说明：课程类别指学科基础、专业基础、专业综合、学科综合、创新创业；此表内容作为对人才培养方案中实验实训流程图内容的直接支撑；一项能力可以对应多个实验项目，多个能力可能对应一个项目，但不同课程的实验项目不得重复。

以重庆工商大学工商管理专业实验教学体系构建为例。将学生在校期间的能力进一步划分为不同阶段，对每一阶段的培养目标从实验教学角度对内容做了调整和具体化，形成了工商管理专业的实验教学体系图，见图 2-2。

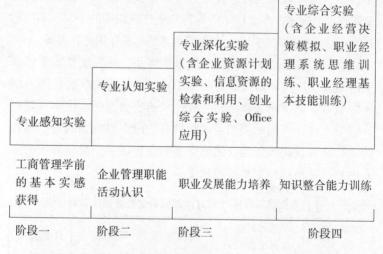

图 2-2　基于工商管理专业能力进步的实验活动体系构建

第一阶段的专业感知实验（纳入集中实践教学环节的实验课）计划开在第一学期，内容包括企业参观、讲座、讨论会等。主要目的是让学生对自己的专业有一个感性的认识，初步了解自己的角色和职业定位，从而对未来四年内要学习哪些知识，进行哪些实践活动，以及这些知识的地位和作用有个初步的认识。

第二阶段的专业认知实验计划（纳入集中实践教学环节的实验课）开在第三学期伊始，内容主要为企业部门角色职能认识和企业运营基本流程演练。目的是让学生在进入具体的单个专业实验课程前建立企业运营的系统框架，了解企业各专业职能在企业这个系统中的地位和角色，不同职能部门之间的联系，从而对不同专业实验课程之间的内在逻辑关系和联系形成一个系统的认识，有如"在见树木之前先见森林"的感觉，增强学生学习理论知识的兴趣，为专业实验和综合实验打下基础。

第三阶段的专业深化实验环节和第四阶段的专业综合实验环节分别由一些实验课程组成。目的分别在于让学生初步掌握作为一个管理人员应具备的基本管理技能，以及对所学知识与技能的整合利用能力。

经过项目组按照上述步骤对工商管理专业能力体系所做的研究和对实验课程体系的思考，基于能力标准的实验项目及相应课程的形成如表 2－2、表 2－3、表 2－4、表 2－5 所示：

表 2－2　工商管理专业基础能力指标及相应的实验课程

能力类别	能力标准	实验项目	实验课程	课程类别
能力一：管理基础能力	(1)决策能力 (2)计划能力 (3)领导与激励能力 (4)组织设计能力	(1)决策过程分析(模拟商务决策) (2)计划分析与制定演练 (3)领导与激励的模拟演练 (4)组织设计和调整练习	管理学实验	学科基础
能力二：财务与会计基础能力	(1)会计凭证的处理能力 (2)会计账簿的登记与解读能力 (3)会计报表的编制与解读能力 (4)会计报表的分析能力	(1)填制记账凭证 (2)登记账簿 (3)会计信息生成流程 (4)会计报表分析	会计学实验	学科基础
能力三：数据统计调查与分析能力	(1)数据的搜集、整理和描述能力 (2)统计数据的分析能力 (3)统计数据的应用能力	(1)统计数据的搜集、整理与描述 (2)相关分析 (3)回归分析 (4)时间数列分析	统计学实验	学科基础
能力四：信息系统构建基础能力	(1)信息系统的运用能力 (2)信息系统的构建能力	(1)信息系统认知 (2)信息系统分析 (3)信息系统设计	管理信息系统实验	学科基础

表2-2(续)

能力类别	能力标准	实验项目	实验课程	课程类别
能力五:经济理论初步分析能力	(1)经济计量分析能力	(1)经济计量分析方法 (2)经济计量分析应用	计量经济学实验	学科基础

表2-3　工商管理专业核心能力指标及相应的实验课程

能力类别	能力标准	实验项目	实验课程	课程类别
能力一:人力资源协调和利用能力	(1)组织设计能力 (2)工作分析能力 (3)人事测评能力 (4)绩效考评能力 (5)培训计划能力	(1)组织结构设计 (2)编制职位说明书 (3)人事测评练习 (4)设计KPI指标 (5)培训需求调查	人力资源管理实验	专业主干
能力二:市场分析和网络营销能力	(1)市场分析能力 (2)网络营销能力	(1)市场分析与软件应用 (2)网络营销	市场营销模拟实验	专业主干
能力三:生产运作管理能力	(1)生产管理职能战略的分析与选择能力 (2)生产流程的分析与设计能力 (3)5S现场管理能力	(1)生产管理战略制定 (2)长安铃木生产流程的分析与设计 (3)5S现场管理模拟	生产运作实验	专业主干
能力四:战略分析、选择和执行能力	(1)组织环境分析能力 (2)战略选择能力 (3)战略实施能力	(1)组织环境分析 (2)战略选择 (3)战略执行	战略管理模拟	专业主干
能力五:综合知识应用能力	(1)企业开办能力 (2)战略分析与选择能力 (3)营销决策能力 (4)采购决策能力 (5)生产决策能力 (6)财务决策能力 (7)经营绩效分析能力	(1)企业运营系统的构建 (2)企业注册登记 (3)环境分析与战略决策 (4)营销决策 (5)采购决策 (6)生产决策 (7)财务决策 (8)企业经营绩效分析与战略调查	企业经营决策模拟	专业主干

表2-4　工商管理专业职业发展能力指标及相应的实验课程

能力类别	能力标准	实验项目	实验课程	课程类别
能力一：企业资源协调和利用能力	(1)订单管理能力 (2)生产计划能力 (3)物流与执行能力 (4)入库验收能力	(1)订单管理 (2)计划排产 (3)物流与执行 (4)入库	企业资源计划实验	专业选修
能力二：信息资源检索与利用能力	(1)网络访问与下载能力 (2)资源调查能力 (3)数据库访问能力 (4)百科知识检索能力	(1)网站访问与下载技术入门 (2)资源调查实验 (3)访问知网数据库 (4)访问万方数据库 (5)访问维普数据库 (6)搜索引擎的使用 (7)访问超星数字图书馆 (8)阅读免费图书 (9)百科知识检索	信息资源的检索和利用	专业选修
能力三：Office软件应用能力	(1)建立和编辑 Word 文档的能力 (2)Excel 制表和数据分析的能力 (3)Word 与 Excel 文档之间的转换能力	(1) Word 综合使用 (2) Excel 综合使用	Office应用	专业选修
能力四：创业能力	(1)创业机会寻找与分析能力 (2)创业模式选择能力 (3)创业组织能力 (4)创业融资能力 (5)创业计划书写作能力	(1)寻找创业机会 (2)创业机会分析 (3)创业模式设计 (4)创业团队组建 (5)融资渠道的分析与选择 (6)撰写创业计划书	创业综合实验	专业选修
能力五：系统思维能力	(1)基于市场竞争的经营目标与战略战术的制定能力 (2)公司与职能战略和部门战术的执行能力 (3)基于系统思维的经营成果分析能力	(1)经营前的分析与准备 (2)经营初创期系统思维训练 (3)经营期战略及战术结合训练 (4)经营期成果分析训练 (5)经营期管理创新训练	职业经理系统思维训练	专业选修

表2-4(续)

能力类别	能力标准	实验项目	实验课程	课程类别
能力六:职业经理胜任能力	自我管理的能力 任务管理的能力 团队管理的能力	(1)自我管理 (2)绩效管理 (3)团队管理	职业经理基本技能训练	专业选修

表2-5 工商管理专业学生能力进步指标体系及对应的实验课或实验环节

能力类别	能力标准	实验项目	实验课程	课程类别
阶段一:工商管理学前的基本实感获得	(1)企业管理现场工作印象 (2)企业管理模式初识 (3)企业管理案例感知	(1)企业参观 (2)管理工作观摩 (3)管理案例的尝试	专业感知实验	专业选修
阶段二:企业管理职能活动认识	(1)市场竞争环境认识能力 (2)企业职能部门业务活动的认识能力	(1)竞争规则的建立 (2)职能部门管理决策模拟	专业认知实验	专业选修
阶段三:职业发展能力	略	略	专业深化实验环节(如企业资源计划实验、信息资源的检索和利用、创业综合实验)	含多门专业选修课
阶段四:知识整合能力	略	略	专业综合实验环节(如企业经营决策模拟、职业经理系统思维训练、职业经理基本技能训练)	含多门专业选修课

最后形成的与理论教学体系相协调又相对独立的工商管理专业的专业实验课程体系，见图2-3：

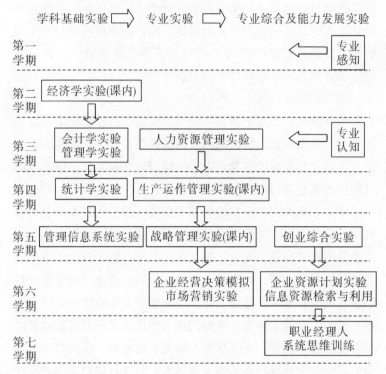

图 2-3　工商管理专业实验课程体系图

（3）基于目标导向的经济管理实验项目设计

实验项目是承载实验教学具体内容和规定实验教学方法而独立开设的教学实施基本单元。其中教师是组织、指导者和实验项目设计成员之一，学生实施实验操作，实验室是教学场所（平台），是软件、硬件的教学环境。实验项目设计包括实验项目名称设计和实验项目内容设计。实验项目内容设计包括实验项目类型、实验项目学时、实验项目性质、实验目的、实验内容等。

　　经过基于目标导向的经济管理实验课程体系建设，某个专业设置哪些实验课程和项目、实验课程之间以及实验课程内部的实验项目之间的逻辑关系都十分清楚。但是每个实验项目建设什么内容，如何建设实验项目的内容，需要根据项目要实现的培养目标进行专门探讨和研究。下面将就实验项目设计原则、设计组织、实验项目类型等进行探讨。

　　①实验项目设计的工作组织

　　领导重视、观念更新是有效组织实验项目建设的前提。领导重视、更新观念、提高认识、明确思路是经济管理类实验教学工作建设和发展的强劲动力，是建设具有科学性、前瞻性的高质量的实验项目内容的根本保证。

　　学校、相关部门、学院的相关领导、教学指导委员会和教师应充分认识到实验教学对学生实践、创新能力培养和综合素质提升的重要作用，充分认识到实验教学在整个教学环节中不可替代的重要地位，并组织专门的人员和给予专门的资金支持组织开展实验项目的建设工作。经济管理类实验教学发展历史还不长，实验教学体系、实验课程与项目设立以及实验项目内容都还存在不科学、不合理和不够完善的地方，应大力加强建设，实验教学的开展及其效果应作为实验项目建设完善的重要依据。

　　教研室（或系）是实验项目建设的基层组织。教研室主任（系主任）有责任组织相关教师，根据人才培养方案确定的实验课程体系开展实验项目具体设计工作，包括实验项目设计团队构建、实验项目具体内容设计、实验项目教学实施所需的实验方法确定、实验项目教学所需的条件和手段的设计等。

　　②实验项目设计团队构建

　　实验项目设计团队作为实验项目内容的设计者，只有设计出与人才需求目标相匹配的实验内容，才能保证实验教学实施者在教学中达到既定培养目标。因此，组建科学、合理的实验项目设计团队是实验项目设计的关键。团队必须包含直接开展实验教学的教师、专业层面的教研室和站在学科前沿的专家、处于实践前沿的企事业及研究机构资深人士，并在组织者统一协调下，发扬团队合作精神，才可能设计出适应社会发展和市场需求的实验教学体系和合理、先进、适用的实验项目。实验项目设计团队组成及角色任务如表 2 - 6 所示。

表 2 - 6　　　　　　　实验项目设计团队及角色

	成员	角色
实验项目设计团队	学院分管领导	负责实验项目设计的组织、协调
	实验任课教师	提出课程实验项目 参与专业实验项目讨论 参与学科实验项目讨论 参与独立实验课程讨论 确定独立实验课程项目 确定普通实验项目
	教研室成员	提出专业实验项目 参与学科实验项目讨论 提出独立实验课程 参与独立实验课程讨论 确定独立实验课程项目 确定普通实验项目
	学科专家 行业企业资深人士	提出学科实验项目 提出独立实验课程 参与独立实验课程讨论 确定独立实验课程项目 确定普通实验项目

③实验项目设计的原则

创新性原则。实验项目的创新就其内容本身属于教学内容的创新，但实验项目的实施又会涉及和体现教学方法和教学手段的创新。如何根据实际情况不断改革教学方法、创新教学手段，是一个永恒的主题。教学内容的创新体现在通过实验项目的开展掌握新知识、训练新技能和新业务，掌握新方法、启发新思维、培养创新能力；教学方法的创新体现在如何探索和选择合适的实验教学方法来实施实验项目的内容，能够使实验教学效果更好；实验教学手段的创新体现在如何充分利用现代信息技术、虚拟实验技术、互动平台、开放平台、共享资源平台等手段提高实验教学质量。

系统性原则。经济管理实验项目设计是整体改革实验课程体系内容的重要组成部分，是涉及整个经济管理学科的系统性工程。因此，实验项目设计不应该局限于某门课程，而应该首先站在专业高度，进而站在学科高度去构建、规划实验教学体系，根据实验教学体系来具体设置实验项目。同时，实验教学是与理论教学协调又相对独立的体系，二者共同构成了专业完整的教学体系，因此，实验教学项目建设要充分考虑与理论教学的有机协调。

多样性原则。不同类型的实验项目对培养学生不同方面的能力所起的作用不同，因此在实验内容确定后，教师应尽可能设计出不同性质的实验项目，以适应不同层次、不同培养目标的学生需要。有的实验项目既可以设计成演示性实验，也可以设计成验证性实验、综合性实验、设计性实验甚至探索研究性实验和创新性实验，避免单一形式的实验项目一灌到底。

层次性原则。按照实验教学项目的性质与地位不同，可以将其分为培训基本知识、基本技能的基础实验项目和培训综合运用基本知识、基本技能的综合实验项目两大类。一般情况下，单纯的操作性、验证性、演示性实验等项目，由于实验内容的单一性和基础性而适合在大学低年级开设；设计性、研究性和综合性实验项目由于需要相对复杂的实验技能和综合知识而适合在大学高年级开设；模拟性、实战型实验可根据实验项目内容的难易度和复杂度在不同年级开设。不同层次采用不同的实验方法和手段，以达到最佳的实验效果。

差异性原则。经管类实验与理工科实验有着明显的差异。理工科实验不管是基础实验还是探索性实验，大多数情况下实验条件可以预先设定和控制，实验过程中学生个人主观意识不需要参与实验，也不会影响实验结果。而经管类实验相反，如由于经济现象的制约因素往往很多，设计实验时多数情况下不可能把所有影响因素都考虑到，即实验条件难以全面精确控制，学生个人的主观判断和努力，往往成为实验的影响条件，而这种主观性意味着实验条件的多变性，会导致经管类实验结果往往与学生主观参与程度直接相关。因此，在实验项目设计时要充分考虑这些特点，根据不同项目类型需要灵活设置实验控制条件，以达到预期的效果。

④实验项目设计流程

实验项目是实验项目设计团队集体的智慧和共识。项目设计团队通过实验项目需求调研，依据人才需求培养目标，确定教学体系中哪些环节需要设置实验，从课程、专业、学科角度从不同层次提出并论证实验项目，从而建立起实验项目体系，再根据实验项目归属的实验课程及其在实验课程体系中的层次，具体设计每个项目的具体内容。设计流程见图2-4。

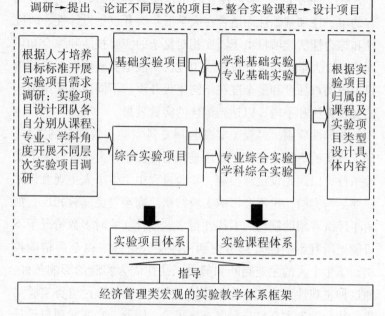

图2-4 实验项目设计流程图

⑤实验项目设计要素

实验项目设计要素主要包括实验项目名称、实验项目类型、实验项目层次、实验目标、实验任务、实验平台、实验数据、实验规程与方法等方面。具体内容为：

一是实验项目名称设计。实验项目名称已经在构建实验课程体系过程中的构建实验项目体系环节就已经设计好了。一方面，实验项目的名称要能反映实验的主要内容以及通过本次实验学生可以掌握哪些基础实验能力，学生在进行实验时可以做到有的放矢；另一方面，在设计实验项目名称时，要尽量避免软件名称出现在实验项目名称中，因为信息技术飞速发展下，软件更新换代是很频繁的。

二是实验项目层次确定。按照项目培养的逻辑顺序划分层次。大多数学校都从宏观上构建了实验教学体系框架，如重庆工商大学构建的"分阶段、分层次、模块化"的实验教学体系，规定每个专业实验教学体系由学科基础实验、专业基础实验、专业综合实验、学科综合实验和创新与创业模拟构成的较为完整的实验课程体系（不同高校具体构建的宏观实验教学体系框架不尽相同）。实验项目的设计需要归属到对应的实验教学体系的某个层次上，不同层次的实验项目后续的内容设计是有区别的。到底需要归属到哪个层次是根据按照专业培养目标标准明细中指标的逻辑顺序确定的。如管理基础方面的培养目标对应的实验项目就应该归属到学科基础层次。如果只是工商管理专业需要培养的如战略管理方面的目标对应的项目就应该归属到专业基础或者专业综合层次。

三是实验项目类型确定。无论是按学科把实验教学单独设课、还是按专业方向独立设课，也不管属于实验项目体系的学科基础、专业基础、专业综合还是学科综合层次，都应该根据实验项目内容及要实现的培养目标特点、要求统一划分项目类型。对实验项目类型作合理的划分，有助于针对不同的实验类型，采取对应的实验教学方法，达到更加理想的实验效果。实验项目依据其难易程度和在培养学生能力方面的不同作用，一般可以划分为基本型实验（一般指演示型、验证型、基本的操作型实验）、综合型实验、设计型实验、研究探索型实验、创新研究型实验五类。具体如下：

基础型实验项目。基础型实验是检验课程中某单一理论或者原理的实验，或基本实验方法、或基本技术操作的基础认知性的实验。通过这类实验训练，要求学生了解、理解和应用实验对应的某个概念、基本原理或者知识点，掌握基本实验方法和技能。认知性实验、演示性实验和验证性实验均属于基础性实验。

综合型实验项目。综合型实验是由多项实验任务组成，经过系列的实施程序，最终得到某种结果的实验。这类实验具有多重知识交融的特征，要求综合运用实验者的头脑，采取综合的方法解决综合的问题，而这种综合思维方法和能力的形成正是综合性实验教学的主要目的。因此，综合实验的内涵应该包括实验内容的综合、实验方法的综合、实验手段的综合。其中，实验内容的综合可以是学科内一门或多门课程教学内容的综合，也可以是跨学科的知识综合。通过知识、内容、方法和手段的综合，对学生的知识、能力、素质形成综合的训练与培养。这类实验具有实验内容的复合性和实验方法的多元性。

设计型实验项目。设计型实验就是以培养学生设计能力为核心目的的教学实验。设计型实验的最大特点是以一个非常明晰的、需要解决的设计问题作为起点，在教师指导下或自主进行技术性、经济性、可行性设计，并进行制作、测试与验证等，以解决该问题，出品相应成果作为终点。设计性实验所强调的是培养学生掌握如何进行设计的基本思路、基本流程和基本方法。设计型实验可以是实验方案的设计，也可以是系统的分析与设计。学生独立完成从查阅资料、拟定实验方案、实验方法和步骤（或系统的分析与设计）、选择仪器设备（或自行设计、制作）并实际操作运行，以完成实验的全过程，同时形成完整的实验报告，主要培养学生自主学习、自主研究的能力和组织能力。这类实验具有实验方法的灵活性和实验过程的多样性。

研究探索型实验项目。研究探索型实验是实验室设置的、在教师的指导下学生可以自主完成的研究性教学实验项目。这类教学实验项目的内容包括新理论的研究、实验方法与技术的革新、仪器设备的改进、大型软件的开发或二次开发等，一般是教师的科研项目，或是从科研项目分离出来的子项目。对于大学生而言，他们参与研究探索实验重在研究过程，通过研究、探索、思考达到思维能力、动手能力及科研能力的强化训练，在研究过程中实现创新。研究探索型实验也是学生早期参加科学研究，教学科研早期结合的一种重要形式。这类实验具有实验结果的未知性和实验方法、手段的创新性。

创新型实验项目。在"国家大学生创新性实验计划"实施以前，不同高校对创新性实验内涵的理解不尽一致。国家大学生创新性实验计划是"十一五"期间教育部为推动创新性人才培养工作的一项重要改革举措，是高等学校本科教学质量与教学改革工程的重要内容，是国家级直接面向大学生、注重自主性、探索性、过程性、协作性和学科性的创新训练项目，旨在培养大学生从事科学研究和探索未知的兴趣，以及从事科学研究和创造发明的素质。大学生创新型实验计划是创新人才培养的平台、优秀成果培育的沃土、学生成才的催化剂。因此创新性实验项目是大学生自主提出的科研训练项目，训练的主体是大学生个人或创新团队，他们在导师的指导下，自主进行研究性学习，自主进行实验方法的设计，组织设备和材料，实施实验、数据分析处理、总结报告等工作，培养学生提出、分析和解决问题的兴趣和能力。通过创新性实验的训练，使大学生这种可贵的品质保持下去，鼓励学生持续性地把发现深究下去，培养他们创新的能力。这类实验具有实验内容的自主性、实验结果的未知性、实验方法与手段的探索性。

四是实验目标。实验目标是学生通过实验所要达到的学习目标，如认知事物、培养情操或是掌握某种动作技能。实验目的是实验课程目标的一部分，应服从于人才培养方案，实验目的确定实验者的实验任务。在现实的学习情境中，学生的学习往往会同时涉及两个甚至三个领域的学习内容，包括认知领域目标、动作技能领域目标和情感领域目标，实验教学同样如此。

认知领域目标是实验教学目标最广泛的领域。布卢姆把认知领域的教育目标分为六级：知道、领会、运用、分析、综合和评价，见表 2-7。

表 2-7 认知领域的实验目的

学习目标	实验目的
知道	指对先前学习过的知识材料的回忆，包括具体事实、方法、过程、理论等的回忆。通过实验巩固所学知识
领会	领会亦称理解或领悟，通过实验把握知识的意义
运用	指在具体实验情境中使用抽象知识，这些知识包括一般的概念、程序的规则或概括化的方法，以及专门性的原理、观念和理论
分析	通过实验弄清各种观念，或者弄清各种关系
综合	通过实验将各种要素及组成部分组成一个整体，以构成更为清楚的模式或结构
评价	通过对某些观念和方法等的价值做出判断

实验教学动作技能领域目标，依据辛普森等 1972 年的分类，将动作技能领域的实验教学目标分成知觉、定向、有指导的反应、机械动作、复杂的外显行为、适应和创新七级，见表 2-8。

表 2-8 动作领域的实验目的

学习目标	实验目的
知觉	通过实验感觉器官觉察客体或关系的过程，借此获得信息以指导动作
定向	通过实验为某种稳定的活动的准备，包括心理定向、生理定向和情绪定向三个方面

表2 - 8(续)

学习目标	实验目的
有指导的反应	通过实验教师或一套标准可判断学生操作的适当性,包括模仿和试误两个方面
机械动作	通过实验,学生的反应已成为习惯,能以某种熟练和自信水平完成动作,培养各种形式的操作技能
复杂的外显行为	通过实验的复杂动作模式的熟练操作,达到迅速、连贯、精确和轻松操作各种软件系统或其他事物
适应	通过实验,学生能改变动作以适应新的具体情境的需要
创新	通过实验学生在动作技能领域中形成的理解力、能力和技能,创造新的动作模式以适合具体情境

情感领域目标。情感是人对客观事物的态度的一种反映,表现为对外界刺激的肯定或否定。情感学习既与形成或改变态度、提高鉴赏能力、更新价值观念等方面有关,也影响认知的发展和动作技能的形成。克拉斯伍等人 1964 年依照价值内化程度,将情感领域的教学目标由低到高划分成接受或注意、反应、价值化、组织、复杂的价值或价值体系的性格化五级,见表2 - 9。

五是实验任务。规定一个实验项目从最初的准备到实验结果的形成过程中,实验者所需要完成的具体工作任务。根据实验任务确定实验所需的条件,我们把实验所需的软件和硬件条件统称为实验平台,也就是说实验者借助实验平台完成实验任务。实验任务决定实验项目的规模、学时等属性。

实验任务(或事项)是实验者的工作事项。对应于实验目的,实验任务是为达到实验目的实验者需要做哪些具体事项,也就是实验要求实验数据处理的过程和结果。实验任务有别于实验目的,前者是工作安排及实验者做实验要取得的实验结果；后者是实验者完成实验在认知、动作技能、情感三方面取得预期的效果，见表 2-10。

表 2-9　　　　　　　情感领域的实验目的

学习目标	实验目的
接受或注意	指学生感受到某些现象和刺激的存在，愿意接受或注意这些现象和刺激
反应	指学生不仅注意某种现象，而且以某种方式对它做出反应，可分为默认的反应、愿意的反应和满意的反应三种
价值化	指学生将特殊的对象、现象或行为与一定的价值标准相联系
组织	指学生将许多不同的价值标准组合在一起，克服它们之间的矛盾、冲突，并开始建立内在一致的价值体系
复杂的价值或价值体系的性格化	指学生具有长时期控制自己的行为以致发展了性格化生活方式的价值体系

表 2-10　　　　　不同类型的实验项目实验任务

项目类型	实验任务特征
基于工具软件验证性实验项目	实验任务按照工具软件的功能进行组织；任务不受特定经济管理业务模型约束，软件功能整体性与经济管理业务构成一个有实务意义的集合，避免项目过于零散
基于工具软件研究性实验项目	实验任务与工具软件的分析设计功能有关，根据工具软件的某些分析来设计功能，其结果具有不确定性，没有统一的答案

表2－10(续)

项目类型	实验任务特征
基于应用系统验证性实验项目	实验任务按照应用软件的功能进行关联，或者实验任务根据经济业务流程划分进行组织，一个或几个经济业务流程作为一个实验项目，受特定经济管理业务模型约束，规模容易界定
基于应用系统研究性实验项目	实验任务与应用系统的特定功能二次开发有关，是层次较高的实验项目，要求实验者熟悉应用系统的所有功能模块，并且熟悉应用系统的开发设计工具，其结果具有不确定性，没有统一的答案
基于仿真模型验证性实验项目	实验任务根据仿真业务流程进行组织，受特定经济管理业务模型约束，实验任务规模容易界定
基于仿真模型研究性实验项目	实验任务是利用仿真模型对经济管理数据进行分析、评价，或设计业务流程，是层次较高的实验项目，其结果具有不确定性，没有统一的答案

　　六是实验平台。实验平台可以分为硬件环境和软件环境。对于经济管理类专业，硬件环境一般是指计算机终端或网络环境，是一种通用的条件。实验平台重点讨论实验室软件环境，一个软件系统支持多个实验项目，因此要在实验项目中规划使用软件的哪些功能，以及这些功能涉及的理论或模型。实验任务和实验需要的软件功能模块大小界定了实验项目规模。经济管理类实验项目的实验平台一般可以分为三类：工具软件、应用系统、仿真模拟。

　　工具软件是指经济管理类专业学生收集、处理、分析经济管理活动产生的数据的常用软件，也是学生辅助学习其他课程或从业后必须掌握的实用工具（如 EXCEL、SPSS、SAS、EViews、Stata）和常用的财务软件、金融分析软件、通用管理软件、检索工具等。从应用型人才培养角度分析，经济管理类专业学生需要熟练、深入掌握这些软件各种功能的使用，并且能够应用它们解决专业问题，包括简单的功能应用和较复杂的模型设计等。学生在校期间需要利用这些工具软件完成其他课程作业、毕业论文和设计，或者进行科研活动、实践活动等；学生进入工作岗位后，这些工具软件的使用是他们的基本工作技能。

应用系统是指企业、政府或行业组织实际应用的管理信息系统或专用业务处理系统（软件），如 ERP 系统、电子政务系统、酒店管理信息系统、税务稽查系统等。从应用型人才培养角度分析，经济管理类专业学生在校期间，要在系统原理、流程和方法等方面进行初步训练，掌握应用系统功能使用和应用原理或对应用系统和业务进行分析设计，完成学校教育与实际应用的对接。学生毕业后，要在实际工作中使用这些系统。

仿真模拟是指遵循相似原理（几何、环境及性能相似），用模型代替实际系统进行试验和研究。经济管理类专业的仿真模型是指采用情境设计或模拟软件模拟（或仿真）社会经济环境、市场环境、管理环境以及工作情景等，让实验者在模拟环境或情境中运用知识能力进行企业经营、组织管理等，从而达到理论知识综合运用的目的。如企业经营决策电子沙盘、企业经营决策物理沙盘、市场营销模拟软件等都属于仿真模拟。

七是实验数据。实验数据一般为宏观或微观经济管理数据。经济管理类实验应当是针对具体经济管理类专业业务展开的。实验设计者应根据实验者的业务知识水平和能力设计经济管理实验数据（包含业务模型和数据模型），实验数据应该与前三要素（实验目的、实验任务和实验平台）相匹配。

在实验教学中，实验过程是实验者按照一定的规程和步骤在实验平台上对数据（业务）进行操作，完成实验任务，从而达到实验教学的目的。实验数据是指学生在实验过程中处理、操作、设计或分析的对象。实验过程中实验数据表现为初始数据、过程数据和结果数据。我们假设实验前实验平台是空白的，实验过程中把实验数据加载到实验平台上，没有实验数据不能进行实验活动，实验室或实验平台只起到一种展示作用。

八是实验规程与方法。实验过程是实验者按照一定的规程和方法在实验平台上对实验数据进行操作，完成实验任务，从而达到实验目的。规程方法包括实验前的一系列准备、实验中遵循的实验规则和实验步骤、实验后对实验结果的表示和分析。

实验规程是指进行实验的步骤、方法、流程或规则等。实验类型不同，实验规程差异较大。验证性实验（如基于工具软件的验证性实验）一般具有较为严格的步骤和方法，而研究性实验（基于仿真模拟的研究性实验）的规程有较大的差异，很难严格界定。实验规程一般分为三个组成部分：一是实验前准备，解决实验任务、实验平台、实验数据三者一致性问题；二是实验中的步骤和方法，阶段性完成实验任务所规定的实验工作；三是实验后结果处理，按步骤完成实验后，要比对实验结果与实验目的和任务，对实验进行分析评价。

⑥实验项目内容来源挖掘

以前，实验教学作为理论教学的辅助，不少高校开设的实验项目中，多数实验项目是以演示、验证及基本操作训练为主，其实验目的主要是让学生加深对理论知识的理解，无法满足现代人才培养的需求。随着实验教学的深入发展，实验教学内容与企业、社会等外界衔接越来越密切，企业发展中出现的问题也逐渐地转化成实验项目进行教学研究，这充分体现出实验内容的新颖性和实用性的特点。目前，经管类实验项目典型的来源主要有以下几个方面：

一是从教师科研项目中挖掘实验项目，实现科研与专业实践能力培养的结合。将实验教师所承担的纵向科研课题及解决行业、企业实际问题的横向课题与实验项目建设结合起来，通过科研项目研究加强对实验项目的更新和强化学生专业能力训练。它包含两个方面的内容：一方面是实验教师申请的科研课题分解成多个实验项目；另一方面是教师的科研成果转化成多个实验项目。

二是从校企合作项目中挖掘实验项目，实现校企合作与专业实践能力培养的结合。产学研合作是高等院校培养创新型、应用型人才的重要途径。建立与企业长期合作机制，将实验项目建设与企业业务发展有机结合起来。如产学研合作模式中的共建实验中心、共建企业员工培训基地等。还有高校将承接的企业外包项目内容转化为实验项目，不仅能组织实验教师从事应用性课题研究和承接企业外包业务，而且能为学生提供有针对性的企业实训项目，做到经济效益与教学效益双丰收。

三是从学生创新创业项目中挖掘实验项目，实现实验教学与创业教育的结合。大学生的创新创业项目是鼓励学生进行科技创新活动的重要举措之一。该项目由学生自主设计、自行实施，把它转变成适合实验教学的实验项目，学生不仅能够加强创新创业意识，而且能够从中得到很多经验。如创业实训公司经营转化来的创业计划书等实验项目。

四是从各种竞赛型项目中挖掘实验项目，实现实验教学与第二课堂的结合。如：全国大学生管理决策模拟大赛项目、大学生数学建模比赛项目、大学生职业规划设计大赛、大学生课外学术科技作品竞赛等全国性的比赛项目。竞赛型的比赛项目转化成教学型实验项目后，它也能够大大地激发学生的实验兴趣。

2.2.3　实验教学案例库和实验数据库建设

（1）实验教学案例和实验数据的基本概念

①实验教学案例库

实验教学案例是真实、典型且含有问题的供实验教学使用的事件。一个实验教学案例就是一个包含有疑难问题的用于实验教学的实际情境的描述。包含三个层次：一是实验教学案例是事件，实验教学案例是对实验教学过程中的一个实际情境的描述。二是教学案例是含有问题的事件，事件只是案例的基本素材，并不是所有的教学事件都可以成为案例。能够成为案例的事件必须包含有问题或疑难情境，并且也可能包含有解决问题的方法。正因为这一点，案例才成为一种独特的研究成果的表现形式。三是案例是真实而又典型的事件，案例必须是有典型意义的，它必须能给读者带来一定的启示和体会。实验教学案例库则是指系列实验教学案例的集合。某门实验课程案例库可能包括一个或多个实验案例。

②实验数据库

数据库（Database）本意是按照数据结构来组织、存储和管理数据的仓库，它产生于 50 年前，随着信息技术和市场的发展，特别是 20 世纪 90 年代以后，数据管理不再仅仅是存储和管理数据，而是转变成用户所需要的各种数据管理的方式。

实验数据库包括上述含义的数据库，如用于教学和研究的各种期刊数据库、财金数据库（如国泰安数据库）、管理方面的数据库、各种统计数据库（如各种年鉴）等。但本书讨论的实验数据库有更广的范围，它指按照实验教学所需进行组织整理和管理的各种实验所需数据的集合。

（2）实验教学案例库和实验数据库建设

实验教学案例库和实验数据库作为实验教学开展的重要支

撑材料，其建设具有共通性。基本流程为：

明确实验案例（实验数据）建设的目的——制订建设计划——开展实验案例（实验数据）调研——收集实验案例（实验数据）素材——整理素材，编写实验案例（或按照实验要求整理数据）——实验教学试用——对实验应用情况进行总结和对实验案例（实验数据）进行完善。

实验案例（实验数据）建设要从以下几个方面着手：制定建设计划，包括如何开展调研、时间进度、建设团队、数据或案例获取途径、调研目标对象等方面；调研和收集素材就是要直接接触调研对象，根据建设目的获取一手的素材，如直接深入企业、网络调查收集、开展问卷等方式；整理素材，编写案例（组织实验数据）就是将一手的原始材料按照真实性、典型性原则，根据案例（数据）要求进行格式化；实验教学试用是对实验案例（数据）建设结果进行检验的过程，通过实验能够发现在建设中存在的问题；总结完善则是解决通过实验发现的问题，形成成熟的实验案例（数据）的过程。

作为实验教学案例和实验数据，其内容建设要注意几个方面：

一是真实性。案例材料和数据可从实践中调研取得，也可从已经存在的文献资料中取得。加工类案例或整理后的数据要明确标明原案例的出处，以保证素材的真实性，案例内容不能虚构。如"上市公司财务报表分析实验"可选择一个实际公司某个年度的实际的财务报表，但可在某些细节上作适当修改。

二是客观性。案例的编写要保持客观性，应把分析的机会留给学生。案例中应避免出现主观结论性、倾向性的内容。

三是现实性。现实性考查的是案例内容与我国目前社会经济文化生活、技术背景等现实相吻合的程度，要求案例具备现实指导意义。

四是时效性。入选案例和数据应具有一定的时效性。为满足案例发生背景与现实相吻合的要求，应考虑选择近期的案例，入选的案例应能够适用的时间长一些。

五是典型性。要求根据教学目的筛选和整理案例，使其在反映教学内容的相关知识点上具有典型的代表性，而不是特殊情况下的个别事件。

六是争议性。特别是管理类实验案例，内容要保持本身具有的争议性，具有结论的不确定性，可让学生从不同的角度和侧面去体会和思考，能够引发学生的研讨和争论。案例具备的争议性可以为学生提供一种参与的机会，使学生能够以模拟者的方式分析、体会、交流、尝试解决实际工作中可能遇到的问题。

七是恰当的技术处理。实验案例的编写要求繁简适度，通过适当加工，例如在管理案例中，应保留主要人物、情节、矛盾、直接影响因素从细，其余简化。

2.3　经济管理实验课程教学方法改革

2.3.1　实验教学方法概述

实验教学方法和实验教学手段是实现实验课程教学目标的主要途径和基本保证。在实验课程建设中，要充分利用现代教育技术和手段，积极探索现代化实验教学方法，促进实验课程教学质量提高。

（1）实验教学方法概念

教学方法是教师和学生为了实现共同的教学目标，完成共同的教学任务，在教学过程中运用的方式与手段的总称。对此可以从以下三个方面来理解：

一是指具体的教学方法，从属于教学方法论，是教学方法论的一个层面。教学方法论由教学方法指导思想、基本方法、具体方法、教学方式四个层面组成。

二是教学方法包括教师教的方法（教法）和学生学的方法（学法）两大方面，是教法与学法的统一。教授法必须依据学习法，否则便会因缺乏针对性和可行性而不能有效地达到预期的目的。但由于教师在教学过程中处于主导地位，所以在教法与学法中，教法处于主导地位。

三是教学方法不同于教学方式，但与教学方式有着密切的联系。教学方式是构成教学方法的细节，是运用各种教学方法的技术。任何一种教学方法都由一系列的教学方式组成，可以分解为多种教学方式。另外，教学方法是一连串有目的的活动，能独立完成某项教学任务，而教学方式只被运用于教学方法中，并为促成教学方法所要完成的教学任务服务，其本身不能完成一项教学任务。

与教学方法密切相关的概念还有教学模式和教学手段。

教学模式是在一定教学思想指导下建立起来的为完成某一教学课题而运用的比较稳定的教学方法的程序及策略体系，它由若干个有固定程序的教学方法组成。每种教学模式都有自己的指导思想，具有独特的功能。它们对教学方法的运用，对教学实践的发展有很大影响。现代教学中最有代表性的教学模式是：传授──→接受模式和问题──→发现模式。

实验教学手段是指教师和学生为了实现共同的实验教学目标（实验项目的实验目的），完成共同的实验教学任务，在实验教学过程中运用的实验方式与采用的实验手段的总称。

（2）教学方法的分类

教学方法的分类就是把多种多样的各种教学方法，按照一定的规则或标准，将它们归属为一个有内在联系的体系。由于不同教育研究者分类依据不同，对教学方法的分类也就完全不同。

前苏联教育家巴班斯基依据人的活动的认识，把教学划分为组织和自我组织学习认识活动的方法、激发学习和形成学习动机的方法、检查和自我检查教学效果的方法三大类。美国教育学约翰·A·拉斯卡依据在实现预期学习结果中的作用，将教学方法划分为呈现方法、实践方法、发现方法和强化方法四类。威斯顿和格兰顿依据教师与学生交流的媒介和手段，把教学方法分为教师中心的方法、相互作用的方法、个体化的方法和实践的方法四大类。

李秉德教授按照教学方法的外部形态，以及相对应的这种形态下学生认识活动的特点，把教学方法分为以语言传递信息为主的方法、以直接感知为主的方法、以实际训练为主的方法、以欣赏活动为主的方法、以引导探究为主的方法五类。黄甫全教授按照从具体到抽象的层次将教学方法分为原理性教学方法、技术性教学方法和操作性教学方法。

由于教学方法分类是基于所有教学模式和方式的，而实验教学是特定的实验教学模式，故实验教学方法的具体类型都只是某种分类模式下的一部分。

（3）教学方法的内涵

不管哪种教学方法分类，其内在本质特点都是相同的。教学方法体现了特定教育和教学的价值观念。教学方法受到特定的教学内容的制约和具体的教学组织形式的影响和制约。

所有教学方法都具有的共性是：教学方法要服务于教学目的和教学任务的要求，是师生双方共同完成教学活动内容的手段，是教学活动中师生双方行为体系。

2.3.2 典型的经济管理实验教学方法

由于实验教学与理论教学有着根本的区别，以上无论哪种教学方法分类，实验教学都只是采用其中的某一部分方法，对于某个实验项目，具体讨论采用哪种实验方法分类没有太大的现实意义，更重要的应该是根据不同的实验教学内容、目的和任务要求，采用与之适应的具体方法。由于经济管理类学科涉及的实验项目类型广泛，既有基本理论与知识的验证类型，也有设计类型、研究型和探索研究类型以及实训类型的实验项目，因此，采用的实验教学方法也是十分丰富的。目前经管类实验教学主要使用的教学方法有模拟仿真教学法、实战教学法、互动式教学法、自主式教学法、案例式教学法、探究式教学法、项目驱动教学法等。

（1）模拟仿真教学法

通过仿真模拟，构建实验内容所需的逼真环境，激发学生学习兴趣。采用推演式模拟，模拟企业经营过程与具体决策程序导致的可能性；采用现场模拟，使用模拟设备，使参加实训的学生感受企业经营场景的完整运作过程。如《SCM 模式下物流与商务综合实训》实验课程，从供应链管理（SCM）思想出发，重点围绕供应链管理中物流与商务活动，通过任务引领，运用角色扮演等方式，多角色、全过程仿真模拟供应商、生产企业、商贸企业（电子商务公司、零售企业、国际贸易企业）和第三方物流企业的作业流程与管理决策，综合训练学生物流与商务经营管理意识与业务技能。

（2）实战教学法

实战教学法就是通过学生参与或独立开展完全真实的社会企业或行业业务，在业务开展中使相关专业知识和能力以及相关综合素质得到锻炼的方法。重庆工商大学经济管理实验教学中心通过创造条件，让每个经管类学院独立设立创业实训公司，由学生组建经营团队，结合专业知识开展专业相关业务经营，老师适当给予指导。通过实际的企业经营，团队成员综合素质和能力得到全面锻炼。同时还在专业综合能力培养方面开展了实战，如会计咨询公司开展的会计实战、调查分析公司开展的统计分析实战，都起到了企业经营与专业有机结合的综合能力锻炼效果。又如，通过少量资金开户，通过股票实战，达到进行股票投资理财的综合训练。

（3）互动式教学法

在《企业经营管理综合设计与实训》课程的实验教学中，组织学生组成企业团队，进行企业经营决策对抗，每个学生通过角色扮演和互动，感受真实竞争环境下不同主体在经营决策中的博弈行为。又如《国际贸易模拟实验》，通过实验小组中进出口商、供应商、银行、海关等扮演角色之间的互动，使学生既掌握整个进出口业务流程，又真实感受进出口业务活动中不同角色的定位与作用。

（4）自主式教学法

在实验教学过程中，为学生设计柔性的实验内容和实验要求，在完成基本实验项目后，不同学生可根据需要自主选择其他实验内容。通过开放式实验教学平台，让学生自主决定实验时间和地点。如重庆工商大学的《国际贸易模拟实验》课程，教师设计近20余个实验项目，部分项目让学生自由选择组合学习。又如重庆工商大学经济管理实验教学中心采用的由师生设计、申报并经审批构建实验项目库（"经济管理实验项目超市"）资源，中心提供资源的教学安排，学生根据个人发展需求自主选择其中的某些实验项目参与学习。再如由教师组织设计系列研究性创新型开放项目，由学生自主选择并完全自主开展，最后提交研究报告和参加答辩。

（5）案例式教学法

案例式教学法是一种能够把认知性与感受性学习方式较好融合起来的，沟通理论与实践的教学方法。案例教学法作为一种基于实践经验的探索性教学模式，已经成为世界范围内培养高层次人才的重要方式。案例教学改变了传统教学以书本为本、从概念到概念的注入式教学方式，能促进学生成为教学主体，有利于学生开展自主性、合作性、研究性及探索性学习。这种实验教学方法要求教师在教学、科研和服务企业的过程中，收集国内外企业经营管理实践中的素材，不断发掘企业经营管理实践中有代表性的典型问题，并对其进行分析提炼，形成企业经营管理各环节的案例，并把这些案例纳入实验教学中，逐步形成了个性化的案例教学库。学生在实验过程中，通过对企业管理教学案例的分析讨论，获得了发现问题、分析问题、解决问题的能力。

（6）探究式教学法

探究式教学又称发现法、研究法，是由学生自己设计实验项目内容，通过观察、实验、思考、讨论等途径去实施项目来达到知识综合应用和能力培养的目的。它的指导思想是在教师的指导下，以学生为主体，让学生自觉地、主动地探索，掌握认识和解决问题的方法和步骤，研究客观事物的属性，发现事物发展的起因和事物内部的联系，从中发现规律，形成自己的概念。可见，在探究式教学的过程中，学生的主体地位、自主能力都得到了加强。

以证券投资模拟实验为例，可以由学生自己设计股票投资计划，然后根据计划，研究市场行情，所投资股票的企业背景、业绩、发展趋势以及宏观环境等因素，确定买卖的价格与时机，最终根据结果评价业绩，同时自我评价其过程中的得失。又如地理信息系统（Geographic Information System，GIS）与商业网点布局规划实验，学生可根据某个城镇情况自己设计商业规划项目，然后根据规划系统所需的参数对目标城镇开展人口流量、地理要素等系列情况调查，获取数据，最后将数据输入系统，分析论证商业网点布局的合理性。这些实验项目源于实际，极大地调动了学生的积极性、主动性和创造性，充分体现学生的主体地位，同时训练了学生自己设计问题、综合运用知识分析问题和解决问题的能力。

（7）项目驱动教学法

项目驱动教学法是实施一个完整的项目工作而进行的教学活动，具体是指在教学过程中以一个项目作为载体，把相关的实验内容融入到项目的各个环节中，逐层推进项目的开展。通过对问题的深化和扩充，来拓宽实验的广度和深度，直到得到一个完整的项目解决方案，从而达到综合运用知识、培养能力的目的。如将整个财务管理实验的内容全部融入一个企业的资金运动过程，即项目载体，模拟一个企业的创立、筹资、投资、预测、控制、经营、分配、评价分析过程，掌握企业财务管理的内容和实践操作运用。

2.4　经济管理实验课程规范管理

实验教学规范管理涉及实验教学管理规章制度、实验教学质量评价体系、实验教学档案资料和实验教学激励机制等方面，本节主要就实验教学过程和实验课程建设本身进行探讨。

2.4.1　实验课程教学规范管理

实验课程教学管理应当包括实验准备管理、实验运行秩序管理、实验效果管理和综合管理等方面，是全方位、全过程的管理活动，是实验教学达到实验教学大纲和实验项目设计的目标要求的预期效果的根本保障。

（1）实验教学准备管理。包括实验教学材料准备检查、实验教学条件准备检查。实验教学材料准备检查的内容主要是实验大纲、实验教材或指导书、实验项目卡片、实验授课计划及教学所需的其他材料（如案例、数据等）准备情况。实验教学条件准备检查是实验教师到实验室试用设备及软件、熟悉实验环境以及实验技术人员提前做好责任区实验设备及相关软件检查，发现故障及时解决。

（2）实验运行秩序管理。包括实验教学运行记录管理、实验课调（停）管理、实验课堂管理、实验服务以及实验过程巡查。通过实验教学运行记录做好每个实验室基本实验教学开展情况的原始记录，通过实验课调（停）管理规范课程变动，实验人员应当协助实验教师做好实验课堂管理和实验服务，及时解决突发性问题，通过实验管理巡查，对实验运行进行监督，通过实验教师、实验技术与服务人员和实验管理人员共同构筑起实验教学课堂质量保障机制。

（3）实验效果管理。包括实验听课制度和学生评教。通过实验听课和学生的评教，构建起实验教学效果的反馈机制。

（4）综合管理。主要指期中实验教学检查，是对实验教学开展情况进行的综合性检查，通过检查可以发现教师实验教学中存在的问题并给予解决。

2.4.2 实验课程建设规范管理

（1）经济管理实验课程的规范建设

经济管理实验教学课程内容的规范建设主要是指建设使经管实验教学活动能够顺利、高效开展所需的规范的实验教学文件。主要包括实验教学大纲、实验指导书、实验项目卡片、实验考核办法等，即通常讲的实验教学"三件套"加上实验考核办法。

经济管理课实验教学课程内容的规范建设具有非常重要的意义。实验教学大纲的规范建设是为了形成一个实验课程与项目建设的规范性纲领文件，作为课程组开展实验指导书、实验项目卡片、实验考核办法编制和设计的依据。实验指导书是指导学生具体如何开展实验的规范文档。实验项目卡片主要是为了有效地保障实验教学内容正常开展编制的管理实验项目的档案，它使实验管理者明确了项目的基本信息、使用对象、条件需求等内容。实验考核办法则是从学生学习角度对实验教学效果起到有效的监督和评估作用。总之，通过这些教学文件的规范建设，从教师实验教学建设、实验教学组织、学生开展实验、实验效果评估、实验项目的管理整个过程起到相当重要的作用。

经济管理实验教学课程内容的规范建设主要内容如下：

①实验教学大纲

实验课程体系设置的每一门课程，都应有相应的实验教学大纲。实验教学大纲是以系统和连贯的形式，根据学科内容及其体系和实验教学计划的要求编写的实验课程教学指导文件。

实验大纲以纲要的形式明确了实验课程适用专业和层次，学时与学分数，先行、后续课程，实验课程的性质、目的与任务。以项目为单位组织的内容纲目包括实验项目列表的学时分配表，课程的考核方式与成绩构成比例，推荐的实验教材与实验指导书以及大纲使用说明等内容。实验大纲是编写实验教材和进行实验教学工作的主要依据，也是检查学生实验成绩和评估教师实验教学质量的重要准则。实验教学大纲作为一门实验课程的纲领性文件，一旦形成，将作为整门实验课程内容建设和教学开展的依据。

②实验指导书（教材）

实验指导书是指导学生明确参与某个实验项目学习的目的和任务、实验项目开展所需预习与准备要求、指导具体开展实验以及完成实验报告的详细文档。主要包括了实验目的与内容、实验的基本理论与方法（或实验数据处理的基本步骤等）、实验设备（软件）及其工作原理（软件架构）、实验基本步骤（操作流程）、实验记录或数据处理、实验注意事项、实验预习与准备、实验思考以及实验报告基本要求等内容。实验指导书是实验项目设计内容的具体体现，实验指导书内容以实验项目为基本组织单位，目前通常按照实验课程汇编，实验指导书质量直接关系到学生实验质量。

③实验项目卡片

实验项目卡片是每个实验项目的基本信息档案。不同高校采用的实验项目卡片内容不完全一样，但都包含了实验项目名称、实验学时、实验项目归属的实验课程、实验目的、实验内容、实验项目类别、实验项目类型、实验者类别、实验要求以及开展实验项目所需要的条件等基本信息。

实验目的明确了通过实验教学达到的目标；实验内容明确了实验项目主要做什么；实验项目类别指实验项目的归属课程属于学科基础、专业主干、专业选修的哪个层次；实验者类别指上课学生是专科、本科还是研究生；实验类型明确了项目属演示、验证、综合、设计还是研究创新类型；实验要求明确了项目属必修、选修或开放；实验条件主要包括实验指导书、实验教材、实验软件、设备及实验教学材料等要求。

④实验考核办法

实验考核方法是学生实验的指挥棒，科学合理的考评办法能起到很好的引导和督促作用。经济管理类实验类型广泛、不同类型教学特点各不相同，积极探索符合经济管理实验教学特点和规律的实验考核评价体系，注重实验考核方式的多元化和考评指标的规范化，建立健全科学的实验考核制度，一方面避免了不同教师有不同标准，另一方面激发了学生对实验的学习兴趣和探索精神，培养了良好的操作技能和科学严谨的实验作风，为经管类学生走上工作岗位奠定了坚实的基础。

（2）经济管理实验课程的更新

随着社会需求变化和实验教育技术、手段的迅速发展，实验课程更新和完善工作显得非常重要。实验课程的更新完善主要是指实验项目的更新建设，其建设仍然要遵循实验课程基本的建设规范。实验项目的更新完善主要包括两个方面：一是实验内容的更新。定期更新实验项目内容，使得实验项目与社会发展紧密联系。二是实验形式的更新。同一个实验项目可以采取多种方式进行实验教学，结合实验教学技术手段的进步，完善和改进实验教学条件，采用更加科学合理的实验教学方法，提高实验教学效果。

第 3 章

经济管理开放实验教学平台建设

开放实验是传统实验教学的延伸和发展，是培养大学生实践能力和创新创业能力的重要手段。新形势下，经济社会发展对经济管理人才的需求转向了应用型、创新型。为满足经济社会发展对人才的需要，高等院校经济管理人才培养目标也必须顺应经济社会发展规律，而经济管理开放实验教学平台是培养高素质应用型、创新型人才的重要载体，是经管类学生实践能力和创新创业能力塑造的主要场所。教育部在《关于进一步加强高等学校本科教学工作的若干意见》中指出：各高校要整合资源，增加综合性、设计性实验，注重学生应用能力和创新能力的培养，实验室要增加开放时间，提高设备的使用效益。2011 年，教育部、财政部《"十二五"期间高等学校本科教学质量与教学改革工程》（简称"本科教学工程"）建设目标中明确提出："整合各类实验实践教学资源，建设开放共享的大学生实验实践教学平台"，"提高大学生解决实际问题的实践能力和创新能力"。要培养学生的实践能力和创新能力，必须构建与之相适应的开放实验教学体系和开放实验教学平台。因此，研究和探索经济管理开放实验教学平台建设与实践具有重要的理论意义和实践意义。

3.1 经济管理开放实验教学平台概述

开放实验源于 20 世纪 60 年代初期美国的物理实验教学改革，又称"自由实验"、"可扩展实验"、"开放式实验"等，我国开放实验是西安交通大学黄嘉豫教授于 1979 年在高校实验教学改革中首次提出的。

开放实验是相对传统课堂实验"四固定"的模式思路拓展开来的。传统课堂实验"四固定"模式即固定时间、固定空间（实验室）、固定主体（班级）、固定内容（实验项目）的实验教学。传统封闭型课堂实验教学的局限性在当今人才培养中的不足逐渐显露。首先，学生要在实验课堂的时间内完成规定实验，动手机会受到很大限制，阻碍了学生扩展性思维和创新能力的发挥，使学习处于一种被动状态；其次，学生接受和掌握实验技巧的能力各有不同，时间和场地的限制不能保证每个人都有充分的时间做完实验；再次，经济管理各学科之间存在着知识互通性和渗透性，学生往往不能满足于只掌握单一学科实验所涵盖的内容，而希望根据自身的学习需要和兴趣对实验进行选择性操作；最后，由于缺乏实验平台，无法支撑学生的创新设计项目。上述各种原因，使得经济管理传统课堂实验往往不能从真正意义上实现培养和提高学生实践能力的目的。为此，人们逐渐认识到引入开放性实验的必要性，开始思考引入开放教育的理念，开始建设开放实验教学平台，即构建实验时间、实验空间、实验主体、实验项目内容、实验过程等的全方位开放实验平台。

3.1.1 开放实验及相关概念界定

（1）开放教育

开放教育是 21 世纪高等教育的基本理念。开放教育是指全过程开放的教育，包括教育政策的开放，教学观念的开放，教学时间、地点和进度的开放，教学方法手段的开放等。在素质教育要求下，受高等教育资源的制约，高等学校需要大力推进开放教育。开放教育是我国新时期高等教育大发展的重要动力，作为高等教育的基本理念，开放教育不仅是必须的，而且是高校生存与发展的唯一选择。开放教育既是学校资源相对有限的现实所迫，更是知识经济和经济全球化对高等学校人才培养工作提出的新挑战。开放教育包括学校内部各部门之间、学校与学校之间、学校与企业之间、学校与社会之间以及学校与国际之间等层面上全方位的开放。一是学校内部教育资源的相互开放，充分利用好学校现有的教育资源；二是学校要直接参与社会进步与经济建设，运用自身的智力优势，全面向社会辐射，同时寻求和力争各方的支持与帮助；三是走出国门，引进和输出优质的教育资源，参与高等教育国际化的竞争。

（2）开放实验

开放实验是开放教育在实验教学中的具体化。它要求将开放教育理念贯穿于实验教学的内容、方法、手段、组织运行模式、实验考核方式、实验教学管理等各方面和所有环节之中。不能简单地认为开放实验就是实验室时间和空间的开放，要正确全面理解开放实验，需要从实验教学、实验学习和实验管理三个角度去把握开放实验的含义。

从实验教学角度看，开放实验是一种新的实验教学模式，即教师根据教学情况，拟就若干个实验项目，由学生选取后自行查阅文献、自行拟就实验方案、自行写好实验预习报告、按需要预先约定使用实验室，最后独立完成实验。在这种新的实验教学模式中教师的作用主要是提供必要的理论引导和实验指导。

从实验学习角度看，开放实验是创设一种开放的、自主的学习环境。良好的开放式教学环境和条件有利于学生的学习积极性和学习潜力的充分发挥，有利于创新人才的早期发现和快速成长，有利于学生自主学习和人才的个性化发展。

从实验管理角度看，开放实验是一种全新的实验平台建设和教与学的新型服务。对实验教学管理提出了新的要求，甚至可以说是一种新的挑战，需要树立新的管理理念，寻求全新的管理方法，形成新的管理模式，使开放实验既能保持一定的弹性和灵活度，又能自主、有序地进行。

综上可见，开放实验是以学生能力培养为核心，学生自主实验为主导，对实验教学资源进行全方位开放共享的实验教学新模式。

（3）开放式实验室

开放式实验室主要是指实验室及其室内资源的开放。它是一个相对的概念，相对于传统封闭式实验室而言。最低层次的开放式实验室可以是某一实验室的某一台或若干台设备的开放；高层次的开放式实验室是由实验室的所有软、硬件组成的实验环境开放，包括在这个环境中所有可以利用的资源、信息和良好的氛围。开放式实验室可以从时间、场所、对象三个维度展开，即实验室时间上的全天候开放、实验室范围上的全方位开放、进入实验室的人员的层次性开放。开放式实验室是整个开放实验的基础，只有实验室开放了，才能谈实验项目、实验人员、实验技术服务的开放。

（4）开放实验项目

开放实验项目是实验教学内容以项目形式进行开放的一类

实验项目。与封闭实验项目相对，相对于实验室开放，实验项目的开放属于较高层次的开放，实验项目开放追求的是学生综合实践能力和创新能力的培养。开放实验项目的运行主要有实验项目提出者、实验项目类型、项目完成途径等，如果把实验项目提出权、实验项目类型选择、实验方案设计、实验操作过程都交给学生去完成，这就属于学生自主设计开放实验项目与学生创新开放实验项目。如重庆工商大学开放实验项目是由众多动态、精小灵活的实验项目组成，并以学生自主选择方式运行。每个开放实验项目仅 3～8 学时，学生可根据自身需要，自主选择实验项目进行实验。

3.1.2 经济管理开放实验的内涵

经济管理开放实验是用开放教育理念改造现有经济管理实验或设计全新实验，是开放教育在经济管理实验教学中的具体化，它要求将开放教育理念贯穿于经济管理实验内容、实验方法、实验手段、实验组织运行模式和实验考核等各个环节，目的是回归经济管理实验的探寻本质，建立真正的以学生为主体的学习环境，调动学生的学习积极性和主动性。经济管理开放实验的内涵应从主体、客体和对象三个方面进行分析：

（1）经济管理开放实验的主体

从广义角度讲，经济管理开放实验的主体包括自愿或强制前提下进行实验的全体学生、老师和其他相关人员。个人因素、制度因素和环境因素对开放实验主体的学习、教学和服务都会产生多种影响。狭义的经济管理开放实验的主体是指受这三类因素正向激励影响的学生群体。

（2）经济管理开放实验的客体

开放实验的客体是一个较广泛的概念。从开放时空角度上来说，经济管理开放实验的客体包括时间开放、空间开放，即实验室在课堂实验教学时间外，对学生群体的全面开放。从开放权利上来讲，实际上是学生对实验内容的选择权利、实验场地和仪器的使用权、实验成绩的获得权。

（3）经济管理开放实验的对象

经济管理开放实验的对象是指经济管理实验教学资源的开放，既包括实验环境、场地、仪器、设备、软件、项目、教材、指导书等物化硬件资源的开放，又包括实验教学师资、实验技术人员等人力资源和实验教学管理体制与运行机制的开放，也就是经济管理实验教学资源及其与之相匹配的制度、人员和服务。

3.1.3 经济管理开放实验内容

经济管理开放实验的内容包括经济管理开放实验进行的实验时间、实验空间、实验主体、实验项目、实验过程等全方位开放。

（1）实验时间的开放

实验时间的开放是指突破传统固定实验教学的时间范畴，从时间维度上全天候开放实验室，满足实验主体（教师、学生、科研人员等）根据自身时间需要到实验室进行实验的意愿（包括远程使用实验软件）。可以通过开放实验时间预约的方式，科学合理地预约安排实验室，有效利用实验时间，提高实验教学资源利用率。如重庆工商大学经济管理实验教学中心，采用弹性统筹安排实验室开放时间，在课程实验教学之余，对学校师生进行全天候实验时间开放（包括节假日、晚上等），大幅度提高了实验室利用率。提供给学生、老师更多到实验室的时间，做更多的实验，有利于激发老师、学生的实验教学与学习热情，提高他们的实践能力、探索精神和创新能力。

（2）实验空间的开放

实验空间的开放是指经管实验教学实验室及其相应的仪器、设备、软件等的开放化运行。除课程实验教学外，对学生、老师、科研、社会等开放实验室及其设备环境资源。实验空间开放是开放实验平台建设和运行的基础，借助网络信息服务系统实现实验空间的开放化运行，是培育经济管理实践素质和思维意识的需要，也是现代科学技术应用于实验教学的必然发展趋势。广义实验空间的开放还包括：一是实验空间的社会化拓展性开放，即与企事业单位联合建立实验空间系统；二是面向社会企事业单位开放实验空间及设备资源，有偿或无偿提供环境场地，实现实验空间囿于学校实验室空间概念的突破，加强社会资源与实验教学资源的融合与利用。实验空间的开放有利于开拓学生的视野和实验资源的纵横整合。

（3）实验主体的开放

实验主体的开放是指除了对学生、教师、科研人员等学校内部服务对象进行实验开放外，还可将服务对象延伸向校外社会，向其他学校、企事业单位和社会人员提供实验服务等，履行大学实验教育承载社会服务的部分功能。其基本方式：一是实验教学主体的开放，即校外行业专家可到学校开设开放实验项目，指导学生及相关人员进行实验；二是实验学习主体的开放，即由校内外老师指导，校外人员可到学校有序进行开放实验项目的学习，核心主体还是校内学生。

（4）实验内容的开放

科学与真理来自生活，走向发展，教育内容本身就具有开放的属性，经济管理实验尤其如此。开放实验强调动态性，实验内容安排上强调打破传统教学内容的统一性和封闭性；引导关注前沿、面向实际、内容自选、按需施教、灵活施教；强调形象与抽象、直觉与分析、想象与思考的结合；注重开放性的发散思维训练。经济管理开放实验的实验结果多数无统一答案，实验内容的选材和问题的设计立足开放思维的训练，用现实问题组成开放实验的知识点。通过实际情景的开放体验，启发学生思考，提高他们的实践技能和创新思维，以及认知问题、分析问题和解决问题的能力。

（5）实验过程的开放

实验过程的开放强调突破"问题→结论"的简单式实验的验证流程。开放实验教育的价值观认为，开放实验教学的根本目的不是走过场，而是在探索解决问题的过程中训练思维意识和发展能力，激发学习主动寻找和发现解决问题的思路、方法并发现新问题。开放实验依据认知的科学规律，理顺"问题→过程→结论"的关系，还原"过程"的发现功能、创新功能，开放实验"过程"中借助实验环境，实现启发、讨论、探究、实验、质疑、争论、搜集信息、自主学习等的开放基本形式，摒弃注入式、教条式封闭实验过程。

3.1.4 经济管理开放实验的特点

（1）开放性

开放性体现在多个方面：一是实验教学资源的开放，包括实验室、实验仪器、实验设备、实验场景、实验人力资源等资源的开放；二是实验主体的开放，包括对全校经管类和非经管类学生的开放、对校外学生、社会人员、企业、事业单位的开放；三是实验内容与过程的开放，实验内容的选择可以是开放、自由的，过程开放中实验操作人员可以选择不同的设备和不同的方法、途径完成实验；四是实验管理的开放，借助开放管理信息平台，公开实验资源条件、项目内容、运行机制和考核评价等资源信息和管理办法。全方位的实验开放是开放实验的精髓所在，这既是开放实验的本质特点，也是开放实验追求的终极目标。

(2) 自主性

开放实验作为一种新型的实验教学模式，将传统实验教学以教师为中心转向以学生为中心，让学生在时间、空间、实验内容和过程上都有较大的选择性和自由度，赋予学生使用实验资源的自主使用权、实验内容的设计权、实验过程的控制权等。

在开放实验前，学生拥有实验内容的选择和实验项目的提出权，实验内容既可以由学生自主安排、设计和组合，也可以选择做常规实验课上没有完成的项目，甚至可以结合自己的需要有选择性地进行实验操作；开放实验过程中学生拥有独立设计实验方案、自主选择设备、独立完成实验操作步骤的主动权，实验后学生要通过自己的思考和大家的讨论来解决实验中的新问题、新发现。老师在开放实验中主要是提供必要的理论指导和实验引导。实验不再由老师强制灌输、学生被动接受，开放性实验为学生提供了一个不受约束、充分发挥个性的场所，学生可以根据自己的兴趣爱好和特长，选择自己喜欢的内容。使学生实验学习从被动"要我实验"转向主动"我要实验"，学生实验的主观能动性得以发挥，实验的主动性和积极性得以充分调动，在主动实验中学生才能既动手又动脑，在"双动"中完成经济管理理论知识向自我知识内化的转移和实践创新能力的转化。

(3) 灵活性

开放实验的灵活性体现在学、教、管三个方面。

①实验过程灵活

开放实验教学是根据学生个体的差异性设计实验学习过程，最终实现经济管理实验教学目标。传统的实验教学是让全班学生按规定的内容在限定的时间内齐步走，难以满足个体和社会对人才培养的需要，必然使一部分学生"吃不饱"、受到压抑，一部分学生跟不上、敷衍了事，大部分学生被动模仿。开放实验教学允许每个学生从自身的起点出发，根据自己的实际情况，结合实验环境条件，经过各自不同的学习途径，达到学习目标，这种通过过程差异去调节和塑造个体差异的结果，使每个学生都得到切实的收获，实现学生个体的效用最大化，实验教学效果的最优化，这正是经济管理开放实验教学追求的目标。

②教学内容、方法灵活

开放实验教学内容活是指实验内容与学科发展和社会要求紧密联系，结合经济管理发展中的企业、事业等行业真实案例，与时俱进，不断推陈出新，开发开放实验内容及项目。开放实验教学是一个不断循环、不断发展的动态过程，而不是某一结果。因此，它始终处于动态发展的变化过程之中，这就要求经济管理实验教学内容紧密结合经济社会发展实际，不断丰富和发展，同时开放教学方法也必须灵活多样，以满足实验教学内容的需要。

③实验管理灵活

实验教学过程的差异性是以管理的活化为前提和保障的。实验过程管理的活化，体现在为实验主体的具体实验学习过程提供可行的实验资源和条件，确保实验顺利进行。在实验时间、实验内容、实验方法、实验次数等方面，开放实验的限制很少或根本不加限制。尽可能提供方便的实验场地、环境、仪器、设备、技术人员等硬软件资源，需求弹性大，根据开放实验教学自主安排的需要，打破固定时间、地点的界限，提供方便的服务，这就需要从管理理念、管理方法、管理模式等方面进行改革和创新，以保障开放实验灵活、弹性地有序开展。开放实验对服务时间、能力、信息平台等都提出了更高的管理要求，给实验管理工作提出了全新的挑战，这需要以弹性服务与之相匹配。

3.1.5 经济管理开放实验平台建设的必要性

（1）深化教育教学改革发展的需要

为适应经济全球化，经济管理类的教育理念需要在发展战略、结构布局、培养目标等方面做出新的思考和探索，开放实验教学平台是实施开放素质教育的一个重要物质场所。建设和完善经济管理实验开放教学平台是当前开展开放教育，深化教育教学改革的迫切需要。

（2）培养经济管理创新性人才的需要

经济管理开放实验教学平台给学生创造自主进行实验活动的环境，让学生自主选择感兴趣的实验，利用开放的网络共享资源、系统信息资源和相应的专业实验技术软件进行项目设计与实验操作，补充课程教学的不足，使学生在理论知识运用、实践能力提高和创新能力培养等方面得到全面发展。

（3）提高实验教学资源利用率的需要

经济管理类实验教学资源包括实验场景、计算机与专业教学软件、数据与案例库等。实验场景很容易过时，计算机与专业教学软件价格高，且使用寿命一般为 3~5 年，数据库的更新时间就更短了，金融类数据库每天都需要更新，经济社会统计类数据库月、季、年等也需要更新和补充。经济管理案例也需要与时俱进。如果不开设开放实验，仅让学生在有限的课程实验内使用实验教学资源，实验资源的利用率会很低，尤其是专业性强、实践性强的资源，大多数时间都处于闲置状态，资源浪费极大。因此，开放实验教学平台可以最大限度地开发与利用实验教学资源，提高资源利用效率。

（4）提升教学能力与科学研究能力的需要

开放实验教学平台给老师、学生提供了更多的实验互动时间和空间。一方面，学生的自主选择迫使老师更科学合理地设计开放实验项目，丰富实验内容；学生自主设计实验项目的设计思路可以随时与老师进行探讨，调动学生自主学习的主动性；行业专家带入的实验项目，更具有实用性。另一方面，老师在准备、指导开放实验过程中，必须深入研究，从而拓展自身的知识面，提升自身的教学和科研能力，还可以将科研项目带入开放实验，带领学生一起做，有效利用学生资源。这样既可以丰富实验教学经验、提高业务能力和科研能力，又可以给学生提供锻炼机会，实现多赢。

3.2　经济管理开放实验教学平台建设现状

我国高校经过近年的教学改革与探索实践，在实验教学如何培养创新型、复合型高素质人才方面已经形成了基本共识。要使高校实验室真正成为学生实践能力和创新精神的培养基地，必须对已有实验室和实验教学模式进行改革，构建开放实验教学体系，搭建开放实验教学平台。

3.2.1　经济管理开放实验教学平台建设现状

目前，开放实验教学作为一种新型教育模式，在高等院校展开了广泛研究和实践，尤其是在实验验证性强的理、工、农、医等学科领域和相关院校研究甚多。有研究者认为，构建开放式实验教学体系是一项系统工程，其内容涵盖开放式的教学理念、实验项目、实验内容、实验设备、实验考核方式、实验时间以及开放实验的运行管理机制等，其核心是开放实验课程及实验项目结构的优化。有研究者认为，开放实验教学体系建设的核心要素包括：实验教学（教学理念、课程体系、教学内容、教学研究、教学效果）；实验队伍（队伍现状、融合模式）；管理模式（学科管理、网络信息平台）；设备环境（仪器设备、政策与机制、环境与安全）等四个方面。

有关经济管理开放实验教学平台的研究成果甚少，有人从宏观层面提出了开放实验基本框架：以实验教学硬软件建设、课程体系、师资队伍为前提，采取时间、分层、交互、管理、服务五种模式，设立开放基金和建立规范的管理运行机制。有的研究者从开放性实验教学的内涵、优势、构成要素及实施过程进行分析，并对其实践进行初步探索。还有的研究者从微观视角以"ERP沙盘模拟演练"为例，提出经管类开放实验项目的选题、设计和保障体系是经管类开放性实验的关键成功因素。现有研究仅停留在对经济管理开放实验平台局部的构思与设计阶段，而对经济管理开放实验平台建设系统性的研究尚缺乏，平台建设什么？怎么建？建设内容和建设途径研究与实践尚很欠缺，亟需深入研究。

经济管理开放实验教学平台建设实践层面，因经济管理开放实验教学项目载体的缺乏和有效运行机制的缺失，经济管理开放实验教学多停留在理念层面，实际开放实验教学开展空虚化，落到实处的院校尚少，而且因实验教学组织机构设置和实验教学硬件条件的差异，财经类院校和综合型大学的做法各异，各有特色。

（1）财经类院校经济管理开放实验教学平台建设现状

财经类院校实验教学平台多是从院系学科实验室整合而形成的实验教学中心平台，属各院系共建共享实验教学资源平台。财经类院校经济管理学科门类相对齐全，学生人数较多，实验室建制齐全，实验场地宽松，实验仪器、设备较多，有独立的管理机构、专职的实验技术人员和管理人员，有的院校还有专职的实验教师队伍和实验研发团队。

①经济管理实验教学硬资源的开放

经济管理实验教学硬资源多为实验室、场景、计算机等，部分财经类院校对全校学生或经管类学生进行硬件资源的开放性无偿使用，学生可根据需要预约实验室或实验指导老师，自主进行开放实验。

②经济管理开放实验教学管理信息系统建设

有的财经院校开发了自动化开放实验信息管理系统，为开放实验项目的申请、实验室的预约、实验室使用情况查阅、实验运行监督管理等提供了方便。如广东金融学院等高校都购买或研发了专门的开放实验资源信息系统。

③经济管理开放实验项目建设

组织老师开发专门的开放实验项目，建立开放实验项目库，为学生进行开放实验提供项目选择。同时，鼓励学生自主设计项目，带入实验室，自主实验，但学生自主开发实验项目难度大，受自主开发设计能力的限制，很少有学生自主开发项目。

④经济管理专业学科竞赛与开放实验教学有机结合

以赛促学，赛学结合。经济管理类学科竞赛项目近年来逐渐增多，如"全国大学生管理决策模拟大赛"、"数学建模比赛"、"创业大赛"、"投资理财模拟大赛"等，经济管理开放平台为专业学科竞赛的演练提供了良好的练习场所。

⑤经济管理开放实验的管理制度建设

建立与经济管理开放实验相适应的管理制度，如建立健全开放实验室管理制度、开放实验预约制度、开放实验考核制度等。

（2）综合型大学经济管理开放实验教学平台建设现状

综合型大学学科门类多，其经济管理类专业多集中在一两个学院（系），相对而言经济管理类专业学生人数少，经济管理开放实验教学平台属院系内部平台，经济管理用实验场地、仪器、设备相对偏少。开放实验平台建设多侧重于科学研究型。如重庆大学经管类学院设立的经济管理开放创新项目基金，针对校内外开放征集创新项目，并给予一定的经费支持。

总而言之，财经类院校经济管理开放实验平台的建设偏向于开放教学型、应用型平台建设，如重庆工商大学、广东商学院等在开放实验教学方面做了大量探索；综合性大学的经管类院系则侧重科研创新类开放实验的探索，倾向研究型开放平台的建设。

3.2.2 经济管理开放实验教学平台建设存在问题

经济管理开放实验教学在我国尚处于起步阶段，支撑经济管理开放实验教学的平台建设虽然在探索中取得了一系列成果，但仍然存在多方面的问题。总体说来，目前高校经管类专业开放实验形式单一，深度不够。由于经管类实验起步较晚，其开放实验主要侧重于时间和空间开放，缺乏富有吸引力的实验项目，开放实验工作举步维艰。虽然某些高校重视并探索实验内容（项目）开放工作，但实验项目往往来自课程实验，实验内容陈旧，不能与实务发展相适应。某些高校虽以立项的形式进行实验项目开放工作，如学生科研创新基金。但这种方法更适合理工类专业，对于经管类专业来说，学生不进实验室也能完成相应的研究工作。

（1）开放平台建设滞后

传统实验平台建设强调以硬件建设为中心，其建设理念是"以物为本"，实验建设管理部门更多地关注实验室硬件设施的建设和管理，其管理形式和目的是"控制人"，而不是关注人的全面发展，并满足其需求。在这种理念下，实验建设管理实施主要是通过行政命令落实措施的，是一种自上而下的管理，体现出了专制的特点，忽视了开放实验的目的是为了人的培养，培养具有创新意识和创新能力的个性化人才是开放实验的最终目标。因此，开放实验平台建设的目标有待提升。传统实验平台建设缺乏愿景目标、文化内涵、人本管理等新理念的指导。

（2）开放实验教学管理模式建设不健全

开放实验教学组织、教学内容、教学对象、教学目标等要素相互作用形成了开放实验教学的模式，开放实验教学的模式还很不健全。例如：开放实验教学更多停留在对实验室的时间、空间、设备等静态的物的开放和管理上，即以实验室开放管理为主，实验项目开放教学与管理还很不成熟。

（3）学生的主体性没有很好发挥

经济管理开放实验教学组织形式单一，更多还是由老师设计、组织、甚至主讲，学生的自主性仅停留在实验项目自由选择这个环节点上，没有很好地激发调动学生的积极性和主动性。

（4）开放实验管理制度僵化，缺乏有效激励机制

主要表现在：一是实验项目的形成机制不合理，来自科研课题和行业企业的实验项目缺乏进入开放实验的通道，现有开放实验项目缺乏创新性和实用性导致学生参与积极性不高。二是缺乏对参与开放实验的学生和教师成果的认定机制。不能合理认定学生参与开放项目的学分，也不能对指导教师的工作量给予合理的计算，导致学生和教师缺乏参与开放实验的积极性，开放实验教学改革必然难以有实质性突破。

（5）开放实验管理技术手段落后

开放实验大多还采用人工进行管理，存在工作烦琐，效率

低下等弊端。利用现代网络技术，设计开发完善开放实验网络管理系统，实现开放实验教学管理的网络化、信息化管理势在必行。

3.3 经济管理开放实验教学平台建设的内容

3.3.1 经济管理开放实验教学平台的类型

经济管理开放实验教学平台根据不同的划分标准，有多种类型。

（1）按开放的程度划分，有完全开放实验教学平台和半开放实验教学平台。

完全开放实验教学平台是将开放实验与课程实验融为一体，分层次设置开放实验教学课程体系和内容，通过必修实验与选修实验的方式，实现学生个体异化培养过程，达到个性化教育培养的目的，这是高层次的开放实验教学。高校需要对原有课程实验教学体系进行开放性变革，改造成开放实验教学体系模式。

半开放实验教学平台是与课程实验教学平台并行，独立运行的开放实验教学平台，原课程实验不变，通过单独设立开放实验课程和项目，经学生自主选择开放实验项目，完成实验内容，达到实验主体局部过程异化的教学培养目标。

（2）按开放的性质划分，有教学型开放实验平台和科研创新型开放实验平台。

教学型开放实验平台侧重于以开放的方式进行实验教学的平台，是基础层次实验教学的开放平台；科研创新型开放平台是针对科学研究创新的实验需要，提供方便的研究场所，是更高层次的开放平台。

（3）按开放程度与开放性质结合划分，经济管理开放实验平台包括完全开放教学型经济管理实验教学平台和完全开放科研创新型经济管理实验教学平台，半开放教学型经济管理实验教学平台和半开放科研创新型经济管理实验教学平台（见表3－1）。

表3－1　　　　　　　经济管理实验教学平台类型

名称	完全开放实验教学平台	半开放实验教学平台
教学型开放实验平台	完全开放教学型实验教学平台	半开放教学型实验教学平台
科研创新型开放实验平台	完全开放科研创新实验教学平台	半开放科研创新型实验教学平台

3.3.2　完全开放经济管理实验教学平台建设

（1）完全开放经济管理实验教学体系

①课程体系。完全开放经济管理实验教学平台课程体系是将实验课程体系按能力培养要求建设，并具有层次性和系统性，如建设基础性、专业性、综合性、研究性的系列实验课程等。课程类型多样，建立独立设置的实验课程、课程实验、基于实验的研讨课、基于实验项目研究的项目课等，还要区分必修课和选修课。

②自主选择。实验课程除必修的课程外，还提供给学生自主选修课程。必修课和选修课的实验项目菜单化，学生根据培养目标，专业学科知识、技能要求等自主选择实验项目，构成课程实验班、实验小组等，在保证基本要求的基础上提供学生更多的自主选择。

③课外开放教学。开设的实验选修课、各类专业学科竞赛活动、学生专业俱乐部活动、学生自主进行项目研究等课外开放教学项目，要尽可能丰富，课外开放实验教学量（人时数）占实验室实验教学总量的比例应不断提高。

④科研创新教学。积极开展学科竞赛和课程学习竞赛，鼓励学生自主提出科研创新型项目和参与教师科研人员的科研创新项目，推进研究性学习。科研创新型教学活动系列化、类型多样化、内容丰富化，并具有可持续性。将学生科研创新学习成效纳入课程考核成绩，或单独计算学分。

（2）完全开放经济管理实验教学内容

①项目类型。实验项目按基础型、专业型、综合设计型、研究探索型四个类型设置，其中各种类型的比例按1∶1∶1∶1的比例设置。当然这个比例在不同专业学科开放实验内容设计上可根据学科专业特征适当调整。

②项目利用。学生自主选择时，各类型的项目利用有一定的比例配比，以防止学生倾向择易避难的机会主义行为。尤其是综合设计型、研究探索型实验项目被利用的频度要适当增加。

（3）完全开放经济管理实验教学评价

①学生基本技能。学生基本知识、实验基本技能要宽厚扎实。

②学生实验成果。学生实践能力、创新能力强，有较高水平的实验创新成果，作品内容丰富，有正式发表的论文或批准的专利。还要将学生参加学科竞赛、课程学习竞赛获得的奖项等纳入评定范围。

③学生教学评价。学生对实验教学内容的开放与管理模式充分认同，对综合设计型、研究探索型实验项目评价，对实验室开展学科竞赛、课程学习竞赛、自主提出实验课题进行研究

等活动评价的反馈。

（4）完全开放经济管理实验教学队伍

①队伍结构。完全开放经济管理实验教学队伍包括教学队伍、管理队伍和技术队伍，三支队伍结构要合理，符合实验教学实际需要。实验教学队伍与理论教学队伍、行业专家队伍互通，核心骨干队伍相对稳定，形成理论、实验、行业动态平衡。实验教学队伍教风优良，严谨治学。任课教师由专职实验教师、理论课为主的教师（兼职）、专职科研人员（兼职）、企事业单位行业专家和研究生等几部分组成，且分布合理。政策措施得力，能引导和激励高水平教师和行业专家积极投入实验教学。

②岗位设置。实验室负责人专业学术水平要符合要求，热爱实验教学，管理能力强。实验课程改革、实验项目建设、网络信息平台建设、课外研学活动建设等支持完全实验开放的岗位职责要明确，由高级职称人员担任岗位负责人，责任到位。加强实验技术队伍建设，鼓励专职实验技术人员积极参加教学科研活动，主持或参加校级及以上教学改革与学科研究课题。

（5）完全开放经济管理实验教学网络平台

①教学网络资源。完全开放经济管理实验教学需具有丰富的教学网络资源和信息资源，主要包括媒体素材，是传播教学信息的基本材料单元（包括文本类素材、图像类素材、音频类素材、视频类素材、动画类素材五大类）、课程及项目库、试题库、课件（包括电子课件）、案例、文献资料、常见问题解答、资源目录索引及网络课程、教学软件、教学课程信息、实验室信息等。

②网络平台功能。平台系统功能需从不同用户的功能需求出发，将用户的权限等级分为三种，分别为学生、教师及系统管理员。

　　学生用户功能。包括教学管理、在线实验、教学评估。教学管理主要查看教学通知及教师教学日程安排、提交实验预约申请、在线提问、上交作业、课件点播、成绩查阅等。在线实验则根据开放实验教学日程安排，在特定时间参与在线实验教学。教学评估包括参与实验教学情况调查及教学效果评价等。

　　教师用户功能。包括课程项目管理、班级管理、教学管理、在线实验、教学成绩评定。课程项目管理包括进行开放实验课程项目的申请及内容信息的发布，教师根据课程及教材、项目的变化，添加修改实验课程及项目内容等；班级管理是根据学生选课情况进行班级学生的查看、添加与删减管理；教学管理主要是进行教学日程安排、查看学生的实验预约申请情况并审批、通过留言板进行答疑、批改作业、上传资源等，查看学生学习情况。在线实验根据教学日程安排，可在特定时间开设在线课堂，进行在线实验教学，尤其是网络软件对抗类实验。教学成绩评定是对学生开放实验的结果进行评价并给出学生成绩。

　　管理员用户功能。系统管理员登录后，可以对教师、学生、课程、课件等信息进行维护管理，包括账户管理、课程管理、班级管理、教务管理、数据管理等。账户管理是管理员定期统一将学生、老师注册所需要的验证码提交到后台数据库服务器以管理师生账户；课程管理是对课程项目的征集、添加、修改等的变更；班级管理是根据学生选课情况进行实验课程班级的编排，教室的安排等班级信息的生成、组织与管理；教务管理是查看教师的教学日程安排、实验预约清单、答疑统计、批改作业统计、在线时间统计、上传资源统计等，查看开放实验教学情况，并通过系统事务管理模块发送学校教学计划调整、添加新课程等各方面的通知信息；数据管理是指对实验数据库与数据的备份等的管理。

③网络技术架构。系统整体采用的是 B /S 结构，服务器架构包括流媒体服务器、web 服器及数据库服务器。其中流媒体服务器向教学平台提供丰富的课件、视频等教学材料，服务器采用 Flash Media Server3 保证了系统的可扩展性、高安全性，Flash Media Server 具有强大的交互能力，是流媒体市场上的主流势力。Web 服务器则用以发布系统网站，系统网站的页面和应用程序将会安装在此服务器上。数据库服务器用以储存视频数据信息，网站的后台数据信息都存储在此服务器上。本系统中将流媒体服务器、Web 服务器和数据库服务器统一架构在一台服务器上。服务器硬件系统采用的是 PC Server 机型，安装 Windows Server 2003 操作系统。采用 Flash MediaServer 3、SQL Server 2005、Visual Studio 2005 等工具开发，综合使用了流媒体技术、网络技术、数据库技术和网页制作技术。

（6）完全开放经济管理实验教学管理制度

①教学运行制度。包括开放实验运行管理办法、监督、考核办法等。

②实验室管理制度。包括开放实验室建设制度、开放实验室使用管理制度、实验室安全管理制度、仪器与设备维护管理制度等。

3.3.3 半开放经济管理实验教学平台建设

半开放经济管理实验教学平台相对建设规模和内容要少得多，它是在保持原课程实验平台体系的基础上与课程实验共享共建实验资源，增设开放实验课程项目和开放运行机制，嵌入开放实验信息管理系统。

（1）增设开放实验课程与项目。新增设开放实验课程与项目，补充和完善原有课程实验的不足。如重庆工商大学新增设的"经济管理创新与实践"课程，开放式地吸纳经济管理学科普通实验项目和创新实验项目150余项，构建成"开放实验项目超市"，对全校学生开放。

（2）建立开放实验教学管理办法。建立开放实验教学管理办法，规范开放实验的项目申请、审核、开放选课、开放教学、开放管理和开放结果的评定办法，建立健全开放实验室的管理办法。

（3）开放实验运行管理信息化。开发开放实验运行管理软件，该软件接口可直接嵌入实验教学网站。对开放课程项目进行信息化管理，减轻开放实验运行工作量。

3.4 经济管理开放实验平台建设典型案例

重庆工商大学经济管理实验教学中心（以下简称"中心"）在培养学生实践能力和创新创业能力方面，创新开放实验教学理念，搭建开放实验教学平台，开创性构建了"经济管理开放实验项目超市"，建立学生专业俱乐部，举办学科专业竞赛活动等，取得了明显成效。

3.4.1 重庆工商大学"经济管理开放实验项目超市"平台

（1）"经济管理开放实验项目超市"的内涵

"经济管理开放实验项目超市"是由众多动态、小而精的实验项目组成，以学生自主选择方式运行的综合性经济管理开放实验教学模式。"超市"中的每个实验项目仅3~8学时，学生可根据自身需要，进入项目"超市"，自主选择实验项目进行实验。"超市"面向全校学生开放，学生累计选修15学时，记1学分，累计选修30学时，记2学分。为便于学分归集，中心通过设置"经济管理实践与创新"通识课程，将经济管理类的开放实验项目全都归集到该通识课内，学生该门课程最多可修两个学分。开放实验项目学分计算见表 3 - 2。

表 3 - 2　　　　　　　开放实验项目学分计算表

学分类型	第一课堂素质拓展类文化素质通识课学分（A 类）		第二课堂素质拓展类学分（B 类）
学分代码	A1	A2	B
学 分 值	1	2	≤0.5
累计学时	15	30	
选课注意事项：A 类学分，A1 与 A2 只能修其一，不同项目可分别选记 A 类和 B 类。			

开放实验授课教师工作量，按实际申请项目授课学时数的一定系数计算，一般确定为 1～1.5 的系数。

（2）"经济管理开放实验项目超市"的项目来源及特点

①"超市"项目来源

"开放实验项目超市"的项目来源，以开放、自愿申请的方式，向高校教师、企业行业专家、事业单位专家、学生等多方征集而来，包括创新开放实验项目和普通开放实验项目两大类。

创新开放实验项目的来源：一是从教师科研课题转化（提炼）而来的项目。教师将在研的纵向、横向经济管理类课题转化成适合开放实验项目要求的精小实验项目。一个科研项目可转化成多个开放实验项目，这种模式将科学研究与实验教学有机地融合在一起。教师以开放实验的方式带领学生做科研课题，一方面，教师既有助于增加课题研究的帮手，又可以获得课时工作量；另一方面，学生既可以获得学分，又可以跟着老师了解前沿理论和学习科研方法。二是企、事业单位委托项目。企业、事业等单位委托的横向研究项目，经教师将委托项目转化成开放实验项目，带着学生一起完成，让学生在项目中学习和锻炼。三是学生自主创新项目。学生根据自己的兴趣爱好等自行设计的创新实验项目，或申请校内外科技创新项目，经审核作为开放实验项目。

普通开放实验项目来源：一是教师课外普通综合性、设计性开放实验项目。教师根据开放实验教学要求，自行设计课堂教学计划外的项目。这类项目一般以一块相对独立的知识模块或能力训练为主，如企业设立、网上开店、网店美化等项目。该实验项目不属于实验教学计划内项目，主要是由于学生专业或课时限制所致。二是行业实务转化而来的实验项目。引入企业、事业单位等的行业专家，把工作中的实务转化成适合于开放实验的项目。这种模式把企业、事业单位的实务直接由专家带入实验课堂，将开放实验与行业实务有机地融合，既有利于学生了解行业最新实务及行业发展现状，提高实验兴趣，也有利于行业培养并选拔人才，给行业专家搭建了走进课堂的机会。指导教师可享受学校外聘行业专家的劳动报酬。三是学生素质拓展性培训项目。学生素质类拓展训练的活动，尤其是学科专业素质拓展的活动，通过"素质＋实验＋学分"三位一体的开放实验，经过提炼转化成适合的开放实验项目，如炒股技术指标解读与实践等，满足了非经管类学生对人文社科素质训练及学分的需要。四是学生自主设计的实验项目。学生自主根据自己的专业知识等的需要，自主设计，自主实验的项目，多为专业学科竞赛相关的项目，如大学生管理决策实战训练、ERP经营决策等。这种模式将学科竞赛与开放实验有机融合，为学科竞赛打下了良好基础。

②"超市"项目特点

一是开放性。"开放实验项目超市"面向全体在校本科及研究生开放，一方面，学生可根据自身的需要，自愿选择，可供选择的个性化空间较大，有助于个性化人才的培养；另一方面，项目的来源、实验指导师资队伍都是全开放的。

二是自主性。学生既可自主选择"超市"项目库的项目，也可自主设计项目带入实验课堂。

三是融合性。一方面实现了行业实务向实验教学项目转化，将行业与实验教学有机融合；另一方面实现了科研课题向实验教学项目的转化，将科学研究与实验教学有机融合；还将实验教学与学科竞赛有机融合。

这种开放实验项目模式的创新，在全国经管类院校中尚属首创，很多实验项目都是开创性的。

（3）"经济管理类开放实验项目超市"的运行机制

运行机制是"开放实验项目超市"有效运行的保障。中心结合学校《重庆工商大学教学实验室开放管理办法》、《重庆工商大学学生素质拓展第二课堂活动学分管理办法》、《重庆工商大学学生素质拓展培训类课程管理办法》等相关文件，探索性制定了《经济管理实验教学中心开放管理办法（试行）》。每学期开学，公开向经管类师生、行业专家等征集开放实验项目，经学校经济管理实验教学指导委员会审核，符合开放实验项目要求的放入"项目库超市"，供全体在校学生自主选择，单个项目选课学生人数达到最低开课人数即可开课。

运行机制设计充分利用学校学分制提供的条件：综合应用素质学分不能低于 2 分，创新学分不能低于 2 分。充分考虑项目的动态淘汰、严格控制质量、打造精品项目的目标。"开放实验项目超市"的运行机制流程见图 3-1。

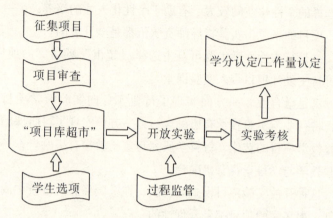

图 3-1   "开放实验项目超市"运行机制流程图

①征集项目。中心根据学校相关开放实验的管理办法，制定了《经济管理实验教学中心开放管理办法（试行）》，定期（一般每学期第 1~3 周）公开向全校师生、企业、事业单位的行业专家征集经济管理开放实验项目。开放实验项目申请人通过中心网站在线提交征集项目。

②项目审查。中心对申请人提交的项目，组织经济管理实验教学指导委员会专家进行审核，严格控制项目质量。对审核符合开放实验要求的，进入"开放实验项目库超市"；经审查不符合要求的，建议修改可进入"超市"的，通知申请人按专家指导意见修改后进入"超市"；对不符合准入要求条件的，坚决不能进入"超市"。部分典型开放实验项目见表3-3。

表 3-3   "开放实验项目超市"的部分实验项目

项目序号	项目名称	项目类型	学时
1011101	上市公司购并案例的财务分析	D	4
1011102	股票交易实战看盘技巧及技术指标灵活运用	E	4

表3-3(续)

项目序号	项目名称	项目类型	学时
1011103	公务员录用结构化面试实训	D	4
1011104	理财规划——投资理财规划	E	8
1011105	理财规划——消费支出规划	E	8
1011106	中国股票投资分析技术与实战技巧	E	8
1011107	Windows 操作系统安全设置实验	E	4
1011108	电子商务交易实验	E	4
1011109	网上证券与网上商店实验	E	4
1011110	网上银行与安全支付实验	E	4
1011111	鲁班算量（建筑部分）	D	8
1011112	鲁班算量（钢筋部分）	D	8
1011113	浩元预算软件（定额及清单计价）	D	8
1011114	焦点小组座谈（FG）与投射技法应用	D	4
1011115	头脑风暴法（BS）应用	D	4
1011116	电话调查与 CATI 软件应用	D	4
1011117	网络调查与 CAWI 软件应用	D	4
1011118	EXCEL 的薪酬福利管理	E	6
1011119	EXCEL 的人事信息数据管理	E	6
1011120	EXCEL 的行政管理技能训练	E	4
1011121	大学生投资理财规划	D	4
1011122	模拟开店实战	D	4
1011123	博弈实验——"智猪博弈"故事得到的启示	D	3
1011124	拍卖实验与"赢者的诅咒"	D	3
1011125	创办自己的企业	D	8
1011126	经营管理自己的企业	D	8

表3-3(续)

项目序号	项目名称	项目类型	学时
1011127	创业计划书调研、写作和评审	D	4
1011128	网上开店创业模拟实验	C	4
1011129	如何有效实现货物的配送	F	4
1011130	生产现场模拟实验	D	4
1011131	大学生创业计划培训	F	8
1011132	大学生平面图像计算机处理技能训练	D	8
1011133	网上店铺商品的图片美化	D	4
1011134	外汇交易实务	E	15
1011135	创新思维训练实训	E	3

③学生选项。"项目超市"定期（一般每学期第5~6周）向全体在校学生开放，学生根据自身需要，自主选择项目。选择人数达到项目规定最低学生人数，即可按项目开班实验。一般创新类项目8人，普通项目20~40人即可开班。

④开放实验。达到开课人数要求的，在中心统筹安排下进行开放实验。实验时间申请人在项目申请时就已确定，实验条件要求在申请项目时也已提出。中心根据学生选项情况，结合中心实验及设备使用情况，灵活安排实验室等场地。

⑤过程监管。中心按要求免费提供实验场地、设备等，按开放实验教学质量要求，对开放实验教学进行过程监管，保证开放实验正常运行，确保开放实验教学质量。

⑥实验考核。实验考核包括过程和结果的考核。对学生的考核包括出勤、实验过程和实验报告等，总分100分，60分合格，成绩由老师或学生小组认定。对老师的考核由中心按教学情况、学生成绩录入与报告提交等环节考核。

⑦学分认定/工作量认定。学生学分认定，实验完成后，在规定时间内，教师等将学生成绩录入开放实验管理系统，60分以上的就可获得学分，学生可在系统中自行查阅成绩、获得学分情况，但最高开放实验学分不能超过2分。教师工作量认定，完成授课任务、学生成绩评定、录入并提交学生实验报告等后，即可获得教学工作量。工作量由中心认定，再统一报教务处审核备案，并支付课时报酬。

（4）"经济管理类开放实验项目超市"的运行效果

自2010年5月开放"开放实验项目超市"运行以来，已成功运行了4学期。深受老师、学生喜爱，行业专家参与热情也不断高涨。目前，学校教师、企事业单位共申报项目250余项，审核批准150余项，学生累计选课18 000多人次，开设项目实验班近250个，已有2000多人获得开放实验学分。

①提高了实验室、实验设备、仪器等的利用率。"项目超市"运行以来，中心人气暴涨，周末、周一至周五晚上基本上是满载运行，周一至周五白天教学时间，没有课程的实验室也见缝插针，实验室及设备利用率直线上升。尤其是专业性很强的教学软件，如应用心理学访谈实验设备，以前一年开一次课，用一次，现在可反复使用，利用率大大提高。

②提高了学生实验的主动性和积极性。经济管理实验教学较理、工、农、医实验而言验证性差、随意性强，经管实验课程教学中学生的主动性和积极性普遍不高。但开放实验中，学生的主动性和积极性相当高，每次项目超市选课通知一出，2~3小时就选完，就其原因可能是开放实验是学生自主选择的，针对性、需求性更强。

③提高了老师实验教学的积极性。经管类实验教学相对理论教学而言，组织教学的工作量大，投入的时间精力多，但又要求必须独立开设实验课（重庆工商大学规定实验课尽量独

立开课，以防理论教学时间挤占实验教学时间）。但"开放实验项目超市"的课时灵活，科研课题转化为开放项目，师生共同完成项目的同时还计算工作量，而且系数也高于课堂实验课，老师的积极性也有所提高。

④提高了行业专家的参与性。邀请各经管类行业专家，把工作实务搬入课堂，手把手地教学生分析、操作，让学生知晓行业的操作情况及对能力的需求。如"公务员结构化面试"项目，用真实的公务员面试题目、程序、注意事项，真实情景模拟，考官现场点评，提高学生的面试能力，很有说服力。这对提高学生的积极性起到了直接的推动作用。

3.4.2 建立学生专业俱乐部

重庆工商大学经济管理实验教学中心秉承"依托学生、服务学生、培养学生"的教学理念，探索基于学生专业俱乐部的开放实验形式，先后成立了"ERP学生俱乐部"、"大学生投资理财俱乐部"、"大学生创新创业联盟"三大学生俱乐部（社团），鼓励支持学生利用实验资源自主开展专业实验实践活动。目前，学生俱乐部会员达到1800余人。2010年至今，学生俱乐部利用中心实验资源，自主进行实验150余次，举办学术沙龙10余次，组织学术报告15次。

3.4.3 举办学科专业竞赛活动

重庆工商大学经济管理实验教学中心通过"以赛促学"方式，推动开放实验教学。策划并定期举办了"重庆工商大学大学生管理决策模拟大赛"、"重庆工商大学大学生投资理财模拟大赛"、"重庆工商大学大学生创业模拟大赛"等三大校级学科品牌竞赛活动。同时，积极组织学生参加省市和全国学科比赛，搭建并营造良好、开放、互动的学科竞赛平台，促进学生知识和能力的全面提升。

3.4.4　经济管理开放实验平台典型案例建设的特点

（1）优化学分制结构，提升了开放实验教学的吸引力

学生是开放实验教学的主体，调动学生参与的积极性是开放实验教学的关键。许多财经院校在时间、空间、仪器、设备等方面对学生实行全面开放，但学生自身难以提出实验项目，老师提出的项目对学生也没什么积极性，因此开放实验很难吸引学生。重庆工商大学"经济管理开放实验项目超市"紧密结合人才培养方案，充分利用以人才培养计划改革，创新学分制结构的大好时机，在新增学生素质类和创新类学分下，将开放实验学分融入新增的素质学分和创新学分中，学生通过开放实验可以获得素质类或创新类学分。这在经济管理实验课程独立于理论课程的基础上，又为开放实验课程的开设和运行提供了保证，大大提高了开放实验教学的地位，增强了开放实验对学生的吸引力，为开放实验教学的有效开展奠定了坚实的制度基础，有利于激励学生参加开放实验的热情。

（2）开放师资队伍，活化了开放实验项目的源头

通过建立开放式动态项目库，吸引了大量教学、科研、行业专家加入开放实验教师队伍，形成了一支高水平、高技能、高素质的开放实验教师队伍。这不仅将科学研究、行业案例与开放实验有机融合，而且活化了开放实验项目的源头，保障了开放实验项目的高质量和高水平。

（3）探索多样化开放实验，丰富了开放实验教学模式

学校通过"项目超市"、学生俱乐部、专业学科竞赛等多种形式的开放实验形式探索，提供了开放实验在人才塑造中的多视角性，学生的参与能力以及参与后相互影响的同群效应在学生成长中慢慢呈现出来。

第4章

经济管理创新创业实验教学平台建设

创新创业教育是世界教育发展的方向，是高校全面推进素质教育的突破口。1998 年 10 月，联合国教科文组织在总部巴黎召开世界高等教育会议，发表了《21 世纪的高等教育：展望与行动世界宣言》和《高等教育改革和发展的优先行动框架》，强调必须把培养学生的创业技能和创业精神作为高等教育的基本目标。教育部《关于大力推进高等学校创新创业教育和大学生自主创业工作的意见》指出，应在专业教育基础上大力推进高等学校创新创业教育工作，同时要求广泛开展创新创业实践活动。创业教育应该与专业教育相结合，创业实践应该与专业实验相结合。因此，建设与专业教育融合的经济管理创新创业实验教学平台，具有十分重要的现实意义。

4.1 创新创业教育概述

4.1.1 创业与创新创业教育的概念

（1）创业

"创业"一词，早在《孟子·梁惠王下》中便有记载：

"君子创业垂统，为可继也"，在诸葛亮的《出师表》中也有述及："先帝创业未半，而中途崩殂"。这两处的"创业"均指创立功业或基业，是广义的创业概念。创业从字面意思讲就是创立一项事业或基业。《辞海》将创业定义为创立基业，指开拓、创立个人、集体、国家和社会的各项事业以及所取得的成就。

国外对创业的认识具有代表性的是美国学者罗伯特·赫里斯，他认为：创业就是通过付出必要的时间和努力，承担相应的经济、心理和社会风险，并得到最终的货币报酬、个人满足感和自主性，创造出有价值的新东西的过程。

我们认为，创业有广义与狭义之分。广义而言，创业指开创新的事业的活动，可以是创造企业，也可以是创造家业、创业事业等。狭义而言，创业则仅指创办新的企业，以牟取前所未有的商业利益。

（2）创新创业教育

①创新教育

在学校教育中，创新是对每一个学生个体来说的，在自身水平上追求新发现、创造新方法、探索新规律、创立新学说、积累新知识等产生的某种前所未有的东西都可以称之为创新。

关于创新教育的概念，大概可以分为两类：第一类创新教育是以培养创新意识、创新精神、创新思维、创造力或创新人格等创新素质以及创新人才为目的的教育活动；第二类创新教育是相对于接受教育、守成教育或传统教育而言的一种新型教育。创新教育要求教育以创造为本位，培养学生的创新意识、创新能力和创新人格。由此可知，创新教育是通过教育创新以激发和培养人的创新精神和创新能力为重点，以提高人的创新素质，培养创新人才为目的，以培养受教育者的创新精神、创新意识、创新思维、创新能力和创新人格为目标的教育形式。

②创业教育

创业教育是在知识创新、科技创新基础上的跨越与提升，是把素质教育和创新教育全面推向深入的一种全新的教育理念和教育方法。创业教育也有两种界定，狭义的创业教育是一种培养学生从事工商业活动的综合能力的教育，使学生从单纯的谋职者变成职业岗位的创造者。广义的创业教育是培养具有开创性精神的人，这在实质上也是一种素质教育。

我们认为，创业教育是以激发学生的创业意识、培养开发学生创业潜能，增强学生的自主创业精神，让学生的创业知识、实践技能、创业资源都得到提升的一个教育过程。创业教育所要提供给受教育者的主要是从事创业实践活动的全过程，即从发现机会到决策、规划、实施、评估、反馈这样一个生产经营活动所必须具备的知识、技能、能力、心理品质等素养，而且特别强调这些素养要能够转化为创业实践活动。创业教育强调教育应注重培养受教育者的创业意识、创业心理品质、创业能力和创业知识结构。创业教育与创新教育在内容和方向上是趋于一致的，但创业教育绝不等于创新教育。因此，开展创业教育，必须转变教育观念，即由一般的创新教育提升到创业教育上来。

③创新创业教育

创新教育和创业教育在很大程度上重合，创新教育使创业教育融入了素质教育的要求，创业教育则使创新教育变得更为具体实在。当然，两者也有差别，创新教育注重的是对人的发展的总体把握，更侧重于创新思维的开发。而创业教育则更注重的是如何实现人的自我价值，侧重于实践能力的培养。创新不是终极目的，要真正使知识发挥作用，必须经历一个由潜在的、可能的生产力转化为现实物质生产力的过程，创业对人才的要求是全方位的，创业教育是创新教育的进一步拓展。因此，创新创业教育作为一种全新的教育理念，在我国高校教育中已形成广泛共识。

创新创业教育将创新教育与创业教育融合，因为创新与创业是密不可分的，创新是创业的基础和核心，创业则是创新的重要体现形式。创新创业教育主要是一种兼顾创新教育和创业教育并以创业教育为重点，注重培养创新精神和创业能力，为受教育者创业奠定良好基础的新型教育思想、观念和模式。创新创业教育是知识经济时代的一种教育观念和教育形式，其目标是培养具有创新创业意识、创新创业思维、创新创业能力和创新创业人格的高素质的新型人才。

大学生创新创业教育是以培养大学生创新精神和实践能力为主要内容的教育活动。加强大学生创新创业教育，是高校适应经济社会发展和人才培养模式创新的需要，也是我国高等教育教学改革的重要内容。

4.1.2 国外创新创业教育的发展

创业教育最早产生于 1947 年的美国。随后，英国、日本等许多国家陆续开展了创业教育并取得显著成效。

（1）美国的创新创业教育

1947 年，首个 MBA 创业课程"新企业管理"的设立标志着创业教育在美国高校的兴起。20 世纪 80 年代有 300 所学校开设了关于创业的课程；而到 20 世纪 90 年代，开设创业课程的学校增加到 1050 所；到 2005 年为止，美国共有 1600 多个学院开设了 2200 多种的创业课程，并且建立了 100 多个有关创业的研究中心，创业教育的发展在这一时期取得了巨大的成就。目前，美国的创业教育已经形成了一个完备的体系，涵盖了从初中、高中、大学本科直到研究生的正规教育。在许多一流商学院，创业学已经成为工商管理硕士的主修或辅修专业。

美国创业教育的发展及其创业精神的倡导对美国经济的迅猛发展起到了不可估量的作用。1990 年以来，美国每年都有 100 多万个新公司成立，即平均每 250 个美国公民就有一个新公司。美国"考夫曼企业家领袖中心"在 1999 年 6 月的一份研究报告中显示：每 12 个美国人中就有一个期望开办自己的企业；91% 的美国人认为，创办自己的企业是一项令人尊敬的工作。

（2）英国的创新创业教育

英国高校的创业教育遵循的是一条自上而下的发展道路，创业教育发展的主要驱动力不仅仅是需求的驱动，还有很大程度上是政治力量的驱动，创业教育不仅有法律保障，还有充足的资金保障，完善的组织管理保障、课程建设保障、文化环境保障，创业教育政策在其中发挥着关键作用。英国大学生创业教育的经验表明，创业教育较强的实践性，决定了它必须借助社会力量，使企业、学校及国家共同成为创业教育的主体。通过这些力量的支持，既可以给学生相关的感性认识甚至亲自体验创业的机会，又有助于解决当前比较棘手的师资、经费等问题。

（3）日本的创业教育

日本于 20 世纪 90 年代开始对大学生开展创业教育。在近 20 年的时间里，通过大量的研究和实践，在政府、企业、学校密切配合的社会支持体系下，逐步形成了系统的创业教育体系。在吸收美国创业教育的精髓，借鉴了欧洲的创业教育模式后，不断摸索出具有本土化特点的创业教育模式，逐渐形成了"以创业精神培养"为主线的创业教育概念，认为创业教育是培养学生社会挑战能力和冒险精神的资质能力的教育，通过创业课程和创业实践，唤起学生的创业意识，使其掌握创业技能。从目前日本高校提供的创业教育课程来看，存在以下四种典型的创业教育模式：以培养实际管理经验为主的创业家专门教育型；以培养系统的经营知识、技能为主的经营技能综合演习型；创业技能副专业型；以培养创业意识、创业精神为主的企业家精神涵养型。四种创业教育模式形成一个从高到低，从专业到普及的创业教育课程体系。

4.1.3　我国创新创业教育的发展

我国创新创业教育起步较晚，始于 20 世纪 90 年代初期。1990 年，原国家教育委员会基础教育司牵头，成立了"提高青少年创业能力的教育联合革新项目"国家协调组，进行创业教育的实验和研究。知识经济与经济全球化浪潮加快了我国高等教育大众化的发展步伐，高等教育大众化要求我国高校创新人才培养模式，转变单一的专业人才的教育目标定位，大力推进以培养学生综合素质为基础的创新创业教育。我国经济和社会发展竞争力的提升与社会主义市场经济的发展也迫切需要高校培养出越来越多的创业者。回顾我国高校创业教育的发展历程，大致可以分成三个阶段：

第一阶段（2002 年之前）：高校自发探索阶段

我国大学生创业教育开始于 20 世纪 90 年代，一些高校开始自发性的探索创业教育。一般认为，创业教育最早始于 1997 年的清华大学主办的"清华大学创业计划大赛"。从 1997 年开始，许多高校对创新创业教育做了有益的、自发性探索，如清华大学以学生创业计划竞赛为载体的创业教育探讨与实践，北京航空航天大学、华东师范大学等高校尝试开设创业教育课程，武汉大学实施"三创"教育（创造、创新、创业教育），北京航空航天大学科技园等机构对学生创业给予注册、资金支持等。在 1999 年教育部发布的《面向 21 世纪教育振兴行动计划》中，更是明确指出："加强对学生的创业教育，鼓励他们自主创办高新技术企业。"

第二阶段（2002—2010年）：教育行政部门引导下的多元探索阶段

2002年4月，教育部在清华大学、北京航空航天大学、中国人民大学、上海交通大学、西安交通大学、武汉大学、黑龙江大学、南京财经大学、西北工业大学等9所大学开展创新创业教育试点工作。同年8月，教育部在北京航天航空大学召开"全国高校创业教育研讨会"。

2008年，教育部立项建设了30个创业教育类人才培养模式创新实验区。在试点和试验过程中，各高校分别通过不同的方式，探索开展创新创业教育实践，形成了三种模式：以课堂教学为主导开展创新创业教育模式；以提高学生创业意识、创业技能为重点的创新创业教育模式；以创新教育为基础，为学生创业提供实习基地、政策支持和指导服务等综合式创新创业教育模式。

第三阶段（2010年4月至今）：教育行政部门指导下的全面推进阶段

2010年4月，教育部在北京召开推进高等学校创新创业教育和大学生自主创业工作视频会议。5月，教育部发布《关于大力推进创新创业教育和大学生自主创业工作的意见》，建立了高教司、科技司、学生司、就业指导中心四个司局联动机制，形成了创新创业教育、创业基地建设、创业政策支持、创业服务四位一体、整体推进的格局。同月，成立了教育部高等学校创新创业教育指导委员会，重点开展高校创新创业教育的研究、咨询、指导和服务。自此，我国创业教育进入全面推进阶段。2011年以来，成立创业教育学院的兄弟院校如雨后春笋不断涌现。据网络搜索，仅2011年11～12月，便有中南财经政法大学、暨南大学、哈尔滨工程大学等多家高校设立创业

（教育）学院。

在世界创业教育的大背景下，中国的创业教育取得了长足的发展和进步，创业教育对促进大学生自主创业起到了推动作用，收到了较好的社会效果，已经成为高等教育改革发展的亮点。

4.2　经济管理创新创业教育教学现状

目前，我国许多高校都开展了多种形式的创新创业教育，取得了一定的成效。但同时也存在一些误区和问题。由于我国目前真正开展创新创业实验教学的高校还很少，广度和深度还不够，此处主要分析我国高校经济管理创新创业教育教学（含相关实验教学）的现状和问题。

4.2.1　经济管理创新创业教育的主要成效

经济管理创新创业教育应该探索符合自身特点的、丰富多样的创新创业教育教学模式，帮助学生增加创业感悟，丰富创业体验，提高学生的创新创业能力，最终促进创业教育的全面发展。目前，我国高校创新创业教育主要取得了以下几个成效：

（1）第一课堂与第二课堂结合开展创业教育

创业教育重在培养学生创业意识，构建创业所需知识结构，完善学生综合素质。目前，我国许多高校开始将第一课堂与第二课堂相结合来开展创业教育。在第一课堂方面，开展创业教育相关课程，加大有关创业方面选修课程的比例，拓宽学生自主选择与促进个性发展的空间。开设了"创业学"、"企业家精神"、"风险投资"、"创业管理"等创业教育课程，以培养学生创新思维为导向，倡导参与式教学，改革考试方法等。在第二课堂方面，通过开展创业教育讲座，组织各种创新、创业竞赛活动等方式，鼓励学生创造性地投身于各种社会实践活动和社会公益活动，形成了以专业为依托，以项目和社团为组织形式的创业教育实践群体。目前，在全国最有影响的创业大赛是由共青团中央、中国科协全国学联主办的"挑战杯"中国大学生创业计划竞赛。

（2）组建专门的创业教育教学机构，推进创业教育

2009 年，西安外事学院创业学院成立，这是我国高校成立的第一家创业学院。目前，许多高校都成立了专门的创新创业教学机构，例如北京航空航天大学成立了创业管理培训学院，黑龙江大学成立了创业教育学院，中南大学成立创新创业指导中心。其中，黑龙江大学除成立了创业教育学院之外，还确定了 6 个校级创业教育试点单位，全面推进创业教育。学校不断深化学分制和选课制改革，开放课程，建立创业教育学分，深入开展读书工程和创新工程，建立学业导师制。在专业教学领域，以综合素质培养为基础，建立创业教育课程群，为学生提供丰富的创业教学资源。在创业实践领域，建立学生创业园区，设立创业种子基金，成立学生创业团队，建立创新实验室，开展创新课题立项与成果评奖，组织各种学术科技竞赛，推进黑龙江大学学生实践企业合作计划。学校还通过创业教育的理论研究和宣传，引导广大学生参与创业教育的学习和实践，全面提升学生的就业竞争力和创业素质，实现学生的灵活就业和自主创业。北京航空航天大学成立创业管理培训学院，专门负责与学生创业有关的事务，开设创业管理课程，建立大学生创业园，设立创业基金，对学生的创业计划书经评估后进行"种子期"的融资和商业化运作。创业管理培训学院与科技园、孵化器紧密联合，形成整套创业流程，创业者经过

孵化后直接进入科技园区进行创业，开拓了一个新型的体制和流程。

（3）以创新为核心开展综合式创业教育

目前，一些高校创业教育开始逐步摆脱功利性的创业培训模拟，而是将创业教育作为一种手段或模式，全方位培养学生创新意识和创新能力。将创新教育作为创业教育的基础，在专业知识的传授过程中注重学生基本素质的培养。具有代表性的是上海交通大学、复旦大学和武汉大学。

上海交通大学以三个基点（素质教育、终身教育和创新教育）和三个转变（专才向通才的转变、教学向教育的转变、传授向学习的转变）为指导思想，注重学生整体素质的培养和提高，确定了创新、创业型人才培养体系的基本框架和基本内容。较为突出的是，学校以培养学生的动手能力为目的，投入 8000 多万元建立了若干个实验中心和创新基地，全天候向全校各专业学生开放。学校实施了"科技英才计划"，成立专门的科技创新实践中心对学生的创业、创新活动进行指导、咨询和评价。学校还设立学生"科技创新基金"，资助学生进行科技创新活动，尽可能地将大学生创业大赛中选拔出来的成果向应用端延伸，使学生成果走向产业化。

复旦大学认为高校应成为学生创新创业的孵化器。以育人为中心，围绕素质教育的要求，针对学生创业的现状和社会对创业人才的需求情况，以"在校生创业精神、实践能力和团体精神的培养——毕业生创业指导——创业团体创业过程扶持"为创业教育的主线，并进行创业项目的资助，具体的做法与上海交通大学相近。

武汉大学以"三创教育"（创造教育、创新教育、创业教育）的办学理念为指导，把培养具有创造、创新和创业精神和能力的人作为人才培养的目标。他们将学生分为三类进行因材施教：对于基础扎实、智力超常的学生实施创造教育，培养他们的创造精神和创造能力，鼓励他们探索新知识、新技术，为将来作出突破性的重大成果奠定基础；对于一般学生提出创新教育的要求，重点培养创新精神和创新能力，使他们能够顺应时代的变革，能够根据条件变化对现有事物进行革新；对于那些开拓意识强，具有领导气质的学生实施创业教育，鼓励、引导他们参与社会实践，培养创业精神和创业能力，为参与市场竞争、开创新事业做必要的准备。他们围绕"创"字积极推行讲授与自学、讨论与交流、指导与研究、理论学习与实践实习、课堂教学与课外活动、创造与创新相结合的多样化人才培养模式和教学方法的改革，着力加强学生自学、课堂讨论、实践实习、科学研究、创业训练等培养环节，突出培养学生的完善人格、复合知识结构、综合素质以及创造、创新与创业的精神和能力。

4.2.2　经济管理创新创业教育的观念误区

目前，我国高校创新创业教育普遍存在以下几个误区：

（1）将创新创业教育视同为就业教育

许多高校认为创业教育只是大学毕业生就业指导的一项内容，开展创业教育的主要目的就是为了促进就业，创业指导中心设在就业管理部门（如招生就业处或就业指导中心），创业教育被纳入就业管理部门的主要职责。就业管理部门对创业教育还停留在技巧、心理、政策、形势分析等方面的指导，更多的是帮助、指导学生了解自己的职业兴趣和职业能力、制定正确的职业取向、提高就业竞争能力、规划今后的职业发展道路，以及开创今后的事业之路，主要教育学生正确处理自己的专业学习、学业进步、职业选择、事业发展等关系的指导与服务，促进学生顺利就业。

（2）将创新创业教育仅视为第二课堂活动

许多高校没有把创新创业教育融入到学校的整体教学体系中，与学科专业教育未形成有机的联系，只是利用课余时间进行创业教育，将创业教育的职责放在团委部门或学生工作部门，主管部门主要依靠第二课堂组织开展多种形式的创业论坛、创业竞赛等活动。例如，创业论坛作为丰富校园文化的一项内容，其组织形式往往是邀请一些商界精英到学校开展企业家论坛和对话活动，具有临时性和分散性的特点，缺乏长效发展机制。创业教育仅仅作为第二课堂活动，会使创业教育脱离于学科专业，使学生失去自身专业优势的有力依托。

（3）将创新创业教育视为模拟创业教育

即利用创新创业模拟教学软件教育学生如何成立和运营一个企业。目前国内许多高校经管类专业的创业实践基本上都是按照这一思路来设计的，似乎创业教育的全部就是要教学生模拟如何自己开公司、办企业。这种认识显然是非常狭隘的，创新创业教育的内容、方式方法还不止这些。更何况模拟创业教育和真实创业毕竟不同，进行模拟创业教育，学生缺乏实际的工作技能，所学知识和实际工作难以接轨，导致最终选择创业的也寥寥无几。

（4）将创新创业教育视为创业实践活动

创新创业教育最终是通过创业实践活动能体现出来，因此部分高校仅仅把创新创业教育停留在这个层面上。学校或安排毕业生到企业单位进行实习、操作，或建立创业园区（或孵化园区），为学生创业提供创业项目孵化基地。这种创业实践教育活动激发了学生的创业热情，传授学生创业实务，训练了学生创业技能，让学生充分体验和感受创业操作，但是许多高校在实施过程中忽视了学生的创业素质和创业能力的培养这一环节，因此也是不完整的创新创业教育。

纯粹以就业为目的的创新创业教育是一种功利性的短期行为，无法真正培养学生的创业精神和创业素质，更不可能培养长远发展的创业者。将创新创业教育主要视为第二课堂活动，不能将创新创业教育与专业教育有效结合，另外由于不属于教务管理部门职责导致不可能将创业教育深入开展。将创业等同于开公司、办企业的认识更是对创业教育的一种误解，是对大学生一种拔苗助长式的教育，会导致多数学生对创业教育产生抵触情绪。这对尚处于"襁褓"之中的我国创新创业教育会产生致命的危害。

4.2.3 经济管理创新创业教育存在的主要问题

我国高校大学生创新创业教育尚处于探索阶段，创新创业教育还没有完全纳入大学生教学培养计划。具体说来，高校经济管理创新创业实验教育存在的问题主要体现在以下几个方面：

（1）对创业教育重视程度不够，大部分高校没有开设创新创业教育课程，也没有将其纳入到人才培养体系中。据2010年的一项调查，107所"211"高校中仅有41所高校开设了创业相关的课程。在开设创业课程的高校中，普遍存在开课类型单一，且以选修课为主的问题。多数院校开设的都是诸如"创业学"、"创业基础"等导论性课程。但在美国，有1600所以上的大学提供了2200门以上的创业课程，44种相关的学术刊物。

（2）创新创业教育教学方法比较单一。创新创业教育教学方法主要采用多媒体直接授课、案例分析法、小组讨论法等，教学方法较为单一，难以提升大学生的综合素质；而且教学过程中缺乏多样化的实践环节，即便有实践环节，大多数也是通过参加创业大赛或参加创业成功人士的讲座，而参观创业企业、模拟创业活动等形式却较少被采用，缺乏多样化的创业实践环节。这正是我国创业教育与西方发达国家差距最大的地方，也是我国创业教育发展的瓶颈之一。

（3）创新创业教育师资队伍建设不合理。经济管理创新创业教育是学科跨越最多、最具综合性的学科，同时也是实践性最强的学科，因此对参与创新创业教育的教师要求较高，不仅要求教师具备扎实、全面、深化的经济管理基础知识，还要求具有相当的实践经验。我国创新创业教育起步较晚，各高校普遍严重缺乏既具有较高理论水平，又有一定的企业管理经验（尤其是创业经验）的师资。由此看来，我国高校创新创业教育师资队伍不仅数量不足，而且其知识结构不能满足创业教学教学的需要，亟待加强师资队伍建设。

（4）创新创业教育与专业教学的融合不够紧密，处于较为尴尬的地位。目前关于经济管理创新创业教育的研究往往撇开专业教育，将创新创业教育独立于专业教育之外进行研究。创新创业教育实践往往局限于独立的操作层面和技能层面，从而导致创新创业教育与专业教育脱节，似乎创新创业教育与专业教育关系不大，这种误解容易导致在教学实践中将创新创业教育与专业教育孤立、自成一体、相互冲突，削弱各自的教学效果，失去整体性。

（5）创业教育层次不高，深度不够，很多时候只是作为一种权宜之计的阶段性教育和"创业技能培训"。似乎创业教育的目的只是为了促进就业。许多高校仅仅把创新创业教育作为大学毕业生就业指导的一项内容，只对政策、形势等方面进行分析和指导，大都停留在对创业计划竞赛的指导和就业指导层面上，没有对学生进行深层次的创业意识、创业精神和创业能力教育，难以全面提升大学生的创业综合素质。

4.3　经济管理创新创业实验教学平台建设

经济管理创新创业实验教学不应仅限于对大学生进行开办企业的培训和指导，更应当着眼于培养学生的创新精神，着重培养学生的企业家精神，塑造大学生开创事业的理想和胆识。因此，高校经济管理创新创业实验教学平台建设应该结合素质教育和专业教育，采用多种形式的组织方式和教学方法。

4.3.1　创新创业实验课程体系

高校创新创业教育面向对象要全覆盖、分层次，即创新创业教育的对象是全体在校生，从大学一年级开始并贯穿于大学教育的全过程。高校在对全校学生进行普及式创新创业教育的基础上，对有创新创业意愿和需求的学生开展递进式的创新创业教育和培训。创新创业课程体系的构建要区分不同学生层面分别进行设计，主要分为创新创业普及教育课程体系和创业专门教育课程体系。

（1）创业普及教育课程体系

一是创新创业理论课程，通过开设"创业学"（或称"创业基础"、"创业原理"）、"创业管理"等通识理论课程，让学生掌握创新创业的基本理论、知识和方法。

二是创新创业实务课程，创业实务课程一般结合专业开设，例如针对旅游专业开设"旅游创业实务"，针对酒店管理专业开设"餐饮创业实务"等。

三是创新创业模拟课程，例如开设"创业模拟实训"课程，通过软件模拟进行教学。

（2）创业专门教育课程体系

一是理论教学课程体系，由创业基础课程、创业主干课程和创业拓展课程构成。创业基础课程除了设置经济管理专业必需开设的"西方经济学"、"会计学"、"管理学"、"统计学"、"市场营销"、"金融学"、"经济法"等课程以外，还包括"创业学概论"（或称"创业基础"）、"创业管理"、"创新学"等课程，一般为必修课。创业主干课程是针对大学生创业所需的专业知识而开设的相关课程，包括"创业策划"、"企业创立"、"创业经营学"、"创业领导"、"人力资源管理"、"创业公关学"、"管理沟通"、"创业财务"、"创业税务"、"电子商务创业"等课程，一般为必修课。创业拓展课程主要是针对不同学生在不同领域的创业需求，培养学生的创业能力，同时进一步深入培养学生的创业意识和创业精神，这些课程包括"家族企业创业"、"国际创业专题"、"技术创业专题"、"创新思维训练"等，一般为选修课。

二是实验教学课程体系，高校可以开设创业"创业模拟"和"创业实战"等课程，具体内容包括创业项目选择、创业计划制定、创业资金筹集、创业队伍组建、创业企业开办、创业企业运行等环节。"创业模拟"课程可以在校内通过软件模拟教学的方式得以实现，"创业实战"则可以要求学生在创业孵化园自主创业或者公司企业进行创业实习。

构建多学科支撑的创新创业教育课程体系，不仅要把创新创业的理念融入教学之中，还应重视学科的互补性和教学的综合性，构建经管类多学科支持的创新创业教育课程体系。

4.3.2 创新创业实验教学队伍

目前，还鲜有高校拥有全职的创新创业教学教师队伍，教师大都没有受过创业教育教学的规范培训。创业教育师资匮乏，致使许多高校无法进行有效的创业教育。高校应该努力打造一支具有较高理论水平和丰富实践经验的专兼职结合的创新创业实验教学队伍，从校内教师资源和校外教师资源两方面进行建设，以校内师资为主，校外师资为辅。校内除了引进专门的创业师资以外，还可以整合学校现有教师资源，把有创新创业经历或担任过企业管理职务的学校教师打造成创新创业实验教学教师团队，承担学校创业课程的教学任务，保障学生正常的创新创业教育授课，带领、指导学生进行模拟演练；校外师资主要是聘请创业成功人士来校参与课程教学，或者给学生做专题讲座，并对学生实体（或虚拟）创业活动给予相应的指导、点评。

高校建立一支专业化的教师队伍，不仅满足大学生对创新创业教育的要求，而且还满足了大学生对创新创业教育咨询与服务的巨大需求，主要包括学生创新创业团队的建立、创新创业项目的立项和指导等，使学生的创新创业素质培养在有引导、有计划的方式下进行。

4.3.3　创新创业实验教学方法

经济管理学科综合性强，实验教学主要是以综合性实验为主。经济管理创新创业实验教学更多的是体现在与专业相融合的综合性实验，与经济学和管理学相互渗透的学科交叉性实验，以创新创业为主体的多科性综合性实验，学生自主创新的创造性实验。因此，经济管理类创新创业实验教学在教学方法上除了要把传统灌输式的教学方法转为启发式、讨论式、研究式的教学方法外，更有针对性地运用案例教学法、模拟教学法、项目教学法、角色体验教学法等多种教学方式与方法，强化学生创新能力与实战能力的训练，激发其创业欲望。

（1）案例教学法

在经济管理创新创业实验教学中，引用的案例要具有典型性和现实性，如国内外创业典型、行业创业典型、校友创业典型等，联系社会实际，给学生讲解一些创业相关的专业知识，体现成功创业者的创业方法、过程和规律等，并充分表现出其创业精神，这样的教育效果更直观、生动，更能启发学生的创业思路，拓宽创业视野，能够让学生从中悟道。通过分析创业的成功案例，对学生进行榜样示范教育，潜移默化地影响学生的思想与行为，激发创业热情。同时适当剖析创业失败的典型案例，使学生了解创业过程中所经历的风险和艰辛，懂得如何在经营中规避风险。

另外，教师还可以让学生成立案例研究小组，到企业去调研，编写本土案例，然后让学生互相进行交流，由教师进行点评，让他们切实感受和把握创业的真谛和精髓。这对培养学生的创业意识和创业能力，有直观、快速、深刻的效果。

（2）软件模拟教学法

经济管理创新创业实验教学中利用软件教学模式，通过计算机模拟软件对经营环境进行设计，使学生置身于一个模拟的经营环境中对经营问题进行判断、分析、决策，以此掌握企业经营管理的基本方法和基本程序。教师还可以为学生设计虚拟的创业背景，以创业过程为流程，指导其撰写商业计划书，虚拟创业的整个过程，以增强学生的创业意识，提升其创业技能。

目前，许多学校在创新创业实验教学中使用了教学软件模拟教学模式。运用软件模拟创业真实场景，具有直观性，使学生接触到创业的实际问题，有助于学生把学到的知识技能迁移到真实的创业场景中，真正理解和把握创业中的管理理念和操作策略。模拟从寻找商机开始，到制订创业计划、组建创业团队、进行创业融资和创业管理的全过程。模拟是创业教育的实践过程，在创业教育的其他过程中学习和掌握的知识、技能、方法都将在这一环节得到具体应用和体现。通过仿真创业训练，进行商业运作，体验创业环境，积累创业经验，增强创业信心，为将来走向社会、成功创业打下坚实基础。

（3）项目教学法

项目教学法即以创业项目为主线、教师为主导、学生为主体的教学模式。创业教育作为一个实践性较强的课程体系，需要有实战经验的老师对学生做指导，将一个相对独立的创业项目交由学生自己处理，项目的所有环节包括信息的收集、方案的设计、项目的实施及最终评价都由学生负责。学生通过体验该项目的实施过程，了解并把握整个过程及每一个环节中的基本要求，同时也为今后自主创业打下一定的基础。以学生为主体，师生共同实施一个完整的项目的教学活动，为学生提供更多的创业空间，培养学生的创业能力。项目教学法可以克服案例教学法中时效性不强和模拟教学中设计略显程序化的不足，使学生对项目的实际操作过程有所了解，为其今后的自主创业打下一定的基础。

（4）角色体验教学法

角色体验法是一种设定某种情境与题材，以某种任务的完成为主要目标让学生扮演自己原来没有体验过的角色或作旁观者，通过行为模仿或行为替代，让学生在模拟情景中，体验某种行为的具体实践，以感受所扮角色的心态和行为，把学到的理论知识运用到实际工作中，达到帮助学生了解自己，改进提高，掌握知识的一种教学方法。角色体验教学法在经济管理实验教学中运用相应广泛。在创业实验教学中，角色体验教学法主要是通过学生对企业岗位角色的模拟扮演，体验企业经营决策的过程和结果。

在国际劳工组织为培养大学生创业意识和创业能力而专门开发的教育项目 KAB（Know About Business，了解企业）和为有意愿开办中小企业的人开发的培训项目 SYB（Start Your Business，创办你的企业），它们的主要特色和优势就是采用角色体验教学法，为学员模拟企业运行的真实环境，学员以分组的形式进行游戏，主要是让学员亲历企业决策的过程和结果，并在游戏过程中体验、建构作为创业者应具备的道德素质。

4.3.4 创新创业实训平台

创业教育实践教学平台建设应将创业教育与实验教学、实习实训、毕业论文设计和创业竞赛等相结合，充分发挥校企合作基地、创业园等校内校外实践基地的作用，拓展创业教育教学平台，把学校的创业教育教学纳入社会实践和实习课程框架，切实开展创业实践教学活动，充分突出高校创业教育的创新性和实践性。

（1）创业实训软件（网络）平台

软件模拟教学法是创业实验教学的主要方法之一，采用这一方法必须借助一定的创业实训软件（网络）平台。目前，高校常用的创业实训软件（网络）平台主要有以下几种：

金蝶软件有限公司研发的"创业之星"模拟培训系统。该系统具有创业计划制定、公司注册模拟、公司经营模拟等功能，通过该系统培训，可以使学员对创业的流程、公司的经营流程有一个系统的了解和掌握，并能通过模拟环境增强企业的团队经营能力。

杭州贝腾科技有限公司研发的"创业之星"教学软件。该软件运用先进的计算机软件与网络技术，结合严密和精心设计的商业模拟管理模型及企业决策博弈理论，全面模拟真实企业的创业运营管理过程。学生在虚拟商业社会中完成企业从注册、创建、运营、管理等所有决策。

北京溢润伟业软件科技有限公司研发的"创业之旅"实战模拟平台系统。该系统模拟真实企业的创立过程，完成创业计划书、办理工商税务登记、对创立企业进行运营管理等经营决策，并对出现的问题和运营结果进行分析与评估。

北京华普亿方软件科技有限公司推出的"大学生创业实训系统"。该系统包括四大板块：创业前期准备、创业能力塑造、创立我的企业、经营我的企业。从了解创业、培养创业能力、体验创业，到企业经营管理实训，循序渐进地培养大学生创业所需要的各种知识和能力，并通过大量实训让学生体验创业的过程，训练创业过程中及创业后的经营管理能力。

另外，还有高校采用创业实习网（http：www.china-sxw.net）、全国大学生创业服务网（http://cy.ncss.org.cn）等网络平台进行创业模拟教学。

（2）创新创业竞赛平台

开展创新创业竞赛是大学生创新创业模拟的一种有效方式，创新创业学科竞赛是学生创新实践的重要平台，是培养和检验学生实践能力的重要手段。该平台需要学校和企业单位共同参与，涵盖理论知识和实践两部分内容，创新创业竞赛对培养学生的专业知识能力、创新能力、学生协调能力和学生的创业能力，提高创业素质，积累创业知识具有十分重要的意义。例如国家级层面的"挑战杯"中国大学生创业计划竞赛，要求参赛者成立优势互补的项目小组，围绕一个具有市场前景的技术产品或服务概念，以获得风险投资为目的，完成一份包括企业概述、业务与业务展望、风险因素、投资回报与退出策略、组织管理、财务预测等方面内容的创业计划书，引导大学生成为具有创新意识、善于捕捉市场机遇、善于开拓市场的创业者，能够培养学生的创新意识、创新思维、创造能力和创业精神，激发大学生科技创业、实践成才的热情。目前创业计划大赛除了国家级创业计划竞赛外，还有省、市级创业计划竞赛和校级校园创业计划竞赛等。

（3）学生社团创业实践平台

组建大学生创业者联盟（类似于创业者学生俱乐部），开展基于第二课堂的学生自主实践活动。创业者联盟为准备创业和已经创业的学生之间提供交流、沟通和学习的平台。通过这一平台，学生可以学习、积累创业知识，就像企业集群的成长机理一样，创业者可以在联盟里获得群体效应。学生可利用学校的资源自主开展形式多样的活动，自发组织开展专业主题研讨活动，如举办专业讲座或沙龙。在学生自主组织活动的过程中，学生的团队协作能力、组织能力、沟通能力在很大程度上得到了提升。

同时，要通过创业者联盟这一平台把风险投资机构、企业及政府有关经济管理部门联系起来，争取获得他们的支持和参与，也为更多的学生提供到合作企业学习实践的机会，从而丰富了学生的创业学习和实践，放大了高校的创业教育功能。

（4）创业实训公司平台

创业实训公司是创新创业教育的又一重要实践平台。目前，这种平台主要包括以下三种形式：

一是创业模拟公司形式。全球模拟公司联合体（PEN-International）推行的创业实训模拟公司实训项目是国际上通行的实岗培训模式，学员通过组建公司、确定公司架构、分析经营环境、尝试经营业务和完成各项岗位工作任务等来体验真实的商业环境和商业行为。实训采用"上课"、"上班"、"上网"三结合的方式，对公司经营所涉及的人力资源管理、财务、市场营销、采购等各方面进行训练，让学员的办公能力、业务能力和社会能力等多方面能力得到加强。

二是创业实训公司形式。即成立诸如会计咨询公司（中心）、市场调查工作室等实体公司（可以为注册公司，也可以是未注册实体），其职员由学生担任，老师负责进行指导，其业务内容都是真实的。由于实训公司是学校组织成立的，学生在老师的带领下进行创业实战训练，避免了学生承担公司经营失败的风险。

三是学生自主创业公司形式。许多高校都成立了大学生创业孵化园，鼓励学生自主创业，支持学生成立微型企业入驻孵化园。学校为创业孵化园的学生公司提供指导和咨询。这种模式让学生完全独立经营，虽然可以最大限度地让学生尽快适应市场，但公司经营风险较大，成功率往往不高。

4.4　经济管理创新创业实验教学模式创新

教育部《关于大力推进高等学校创新创业教育和大学生自主创业工作的意见》强调，应在专业教育基础上大力推进高等学校创新创业教育工作，同时要广泛开展创新创业实践活动。创业教育应该与专业教育相结合，创业实践应该与专业实验相结合。创业教育不排斥专业教育，而且必须依赖专业教育。专业教育不排斥创业教育，专业教学改革因与创业教育融合而得以深化和发展。将实验教学改革与创业教育整合一体，更有利于二者的深入融合。

4.4.1　创新创业教育与专业教育结合的必要性

专业教育和创新创业教育是密不可分的，二者相互联系、相互补充、相互渗透、相辅相成。因此，高校经济管理创新创业教育亟待加强与专业教育的融合，将创新创业教育渗透到具体的专业教育之中，培养具有创新创业素质的专业人才。

（1）创新创业教育与专业教育培养目标一致

创新创业教育与专业教育的目标是一致的。创新创业教育的总体目标是培养大学生的良好素质，使之适应变化发展的社会需求。具体可分解为：一是培养学生创新创业意识和良好的心理品质；二是锻炼、提高学生的综合能力；三是进一步缓解就业压力。专业教育是以通识教育为基础，通过系统讲授专业理论知识和实际专业技能训练，在某一特定的领域达到特定水准的教育，专业教育的目标是培养适应社会需求的专门人才。

因此，无论是专业教育还是创新创业教育都是高等教育的重要组成部分，教育的总目标是为了培养适应社会要求，为经济建设服务的高级人才。

（2）专业教育是创新创业教育的基础

创新创业教育多是在专业领域内开展的，需要有一定的专业支撑，良好的专业教育为日后的创新创业奠定了基础。因此，创新创业教育完全可以融入到现有的专业教学体系中，以基础知识和专业知识为实施载体，在专业教学中渗透创新创业的意识，训练学生综合能力，提高学生整体素质，达到培养人才的最佳效果。创新创业教育应在专业教育的基础上开展，否则离开专业教育而谈创新创业教育容易成为空谈。

（3）创新创业教育促进专业教育深入发展

通过创新创业教育，一方面培养学生的创新创业意识和心理品质；另一方面促使学生理论联系实际，将所学知识运用到实际中，产生专业学习的实际需求，进一步激发学生专业学习的兴趣，增加专业学习的动力，强化专业教育效果。实际上，创新创业教育是一种在整个教学过程中起到促进学生全面协调发展，并在此过程中启迪学生思想智慧、培养学生创新创业精神、发展学生个性品质、锻炼学生多种能力的教育。

总而言之，结合具体专业开展创新创业教育才更有针对性，创新创业教育对经管类专业的渗透，促进专业学生综合消化和运用所学知识，满足其自身发展的需要，创新创业教育渗透到学科和专业体系内是创业型社会对高等教育提出的必然要求。

4.4.2　与专业教育融合渗透的创新创业实验教学模式

经济管理创新创业实验教学平台在建设时应遵循创业教育的本质和规律，本着"使所有大学生接受创业普及教育，使部分学生接受创业专业教育，使少数学生实现自主创业"的宗旨，循序渐进地开展。在创新创业实验教学模式选择上采用"以创业课程、专业实训为主体，以专业和创业相结合的第二课堂为依托"的创新创业教育模式。

（1）实验教学内容与创新创业教育融合渗透

为了使创业理念融入日常教学过程，经济管理专业实验教学必须以应用性和市场需求为指导，对现行实验体系进行选择与整合，以增强学生获取知识能力、研究和解决问题能力以及实践创新能力为核心，精心设计和构建培养创业型人才所需要的能力导向型实验课程体系。

将创新创业教育与学科实验课程有机结合，合理设置创新创业教育课程，提高学生的创新创业素质和能力。在保留原有涉及经济、管理、金融、会计、税务等专业课程的基础上，让学生掌握创立企业、合法经营、培育企业的创业理论以及应对社会环境与市场需求变化的基本知识。加大选修课程的比例，拓宽学生自主选修的空间，多设置一些如"演讲与口才"、"团队训练"、"拓展训练"、"创业市场调查"、"公司法与合同法"、"企业家精神"等课程。此外，充分考虑学生个体与创业目标的差异，开设一定的通识课程，让学生掌握创业的基本理论和方法，以达到提高学生思维能力、研究问题能力和创新实践能力的目的。

以重庆工商大学为例，学校对创新创业课程体系进行了统筹规划，在人才培养方案中要求学生选修 2 学分的创新创业类通识课程。管理学院、商务策划学院、旅游与国土资源学院等开设了"创业学概论"、"创业学"、"创业管理"、"创业团队与领导艺术"等课程，初步形成了创业理论教育课群，经济管理实验教学中心又相继开设了"创新思维训练"、"创业模拟实训"两门通识课，其中"创新思维训练"培养学生逻辑思维、形象思维、发散思维、联想思维、逆向思维、辩证思维和应变思维等能力；"创业模拟实训"培养学生市场调研、撰写创业计划书、公司注册及营运等方面的基本能力，内容涉及工商管理、财务管理、税务、会计、公司法等诸多专业知识。同时面向经管类学院开出了"创业综合模拟实训"、"企业经营管理决策综合模拟"、"投资理财综合模拟"等综合实训课程，基本形成了具有一定特色的创业实践教学课程体系。同时，在现有实验课程中融入创业教育的元素，将创业知识嵌入到专业实验课程的教学内容之中，提高综合性、设计研究性实验项目的比重。在"管理学实验"、"ERP 沙盘模拟"、"企业经营决策与管理综合模拟"、"投资理财综合实训"、"电子商务实验"等实验课程中，更多地介绍如何进行企业经营管理、投资理财等相关知识，强化了学生创业的基本技能。

（2）实验教学方法与创新创业教育融合渗透

创新创业教育的目的不一定是培养企业家，更不是要求学生一定要开办自己的企业，而是培养创业型人才，即具备创业意识、创业品质、创业知识和创业能力的人才。实验教学在培养学生创新创业意识和品质方面的作用是显而易见的。在实验中培养学生的独立性，实际上就是解放学生的手脚、思想和行为，让学生支配自己的实验行为。要让学生独立思考"如何做"，从实验项目选题、实验目标、实验内容到最终的实验报告都由学生独立完成，无形中培养了学生独立思考问题的能力，独立工作的能力和独立生活的能力。让学生独立完成实验项目，并不是放任自流，而是在实验教师的监督、引导和帮助下进行，教师要在弄清学生的认知、兴趣、爱好与特长的情况下，从发挥学生优势出发，启发、诱导学生在其特别感兴趣的事情中寻求项目，大胆设想、开动脑筋，从而激发学生的形象思维、发散思维和直觉思维，巩固和强化其逻辑思维。因此实验教学要改变理论教学中以教师讲授为主的"填鸭式"教学方法，广泛采用角色模拟、案例分析、问题决策、研讨式教学、博弈对抗、项目驱动、游戏竞赛、头脑风暴等多种有利于提高学生创新创业能力和实践能力的教学方式。

例如，重庆工商大学经济管理实验教学中心建设了专门的经济管理博弈实验室，通过分组决策对抗方式组织教学，培养学生竞争意识和决策能力。改革实验考核方式，改变那种按部就班撰写实验报告的方法，采用撰写分析报告、PPT 汇报、小组答辩、按团队计分等方法，全面提高学生的创新精神和创业素质。

（3）实验教学模式与创新创业融合渗透

模拟或实训公司项目教学是经济管理实验教学和创新创业教育共同采用的一种模式，因此二者可以在此平台上一举两得，既实现专业训练的目的，又达到创业教育的效果。例如，重庆工商大学经济管理实验教学中心利用创业实训基地平台创建创业实训公司，积极探索创业教育与专业教育的有机结合。支持经管类学院成立了数统学院金桥社会调查中心、会计学院财务与会计服务中心、管理学院中庸之道系统开发与管理工作室等 15 家创业实训公司。创业实训公司是实验教学平台的重要组成部分，是教学实验室的一种创新形式。其运行模式是学院管理，教师指导，学生主体。每个学院安排一名专业老师负责创业公司项目，另外至少有两名以上具有丰富专业实践经验的教师参与指导。这些公司有的是真实的经营实体，有的是模拟经营实体，但其业务都是真实的，并且公司经营的业务范围需要与学院相关专业一致，做到了专业实践和公司经营的有机结合。创业实训公司为学生专业实践搭建了新的平台，也为学生创业提供了新的载体。经管类实验教学也从仿真化的实践训练转换为更符合人才培养的全真化实验教学方式。

（4）第二课堂实验教学与创新创业教育融合渗透

第二课堂可以同时兼顾理论与实践，较少受时间和场地的限制。实验教学与创新创业教育应该充分发挥第二课堂在人才培养中的作用。

①成立学生创业社团，支持学生自主开展创新创业活动。例如，重庆工商大学成立大学生创新创业联盟，在学校内组织各种与专业相关的创新创业教育活动，组织开展创新创业类交流会以及相关知识的讲座，提升学生的创新思维和创业能力。另外创新创业联盟组织成员到校企合作单位开展相关市场调研以及行业调研，体会真实企业的创业过程。创业联盟发挥"自我管理、自我教育、自我服务"的功能，把创新创业教育融入到各项活动中，在参与活动的过程中促进学生创业意识的增长和创业实践能力的提高。

②开展创新创业竞赛活动，展示创业实力和成果。"以赛促学，以赛促教"是推动经管类实验开放的一种有效形式。学生要想在学科竞赛中取得好成绩，必须熟练掌握相关软件，他们自然会主动到实验室操练或实践。在比赛过程中，通过对真实环境的逼真模拟，让学生分析、处理在现实环境中可能出

现的问题，提前的演练加深了他们对专业知识的理解，提升了创新创业能力。

例如，重庆工商大学每年举办一次校级"重庆工商大学大学生创业模拟大赛"，大赛以"电子对抗系统"和"ERP 管理软件"为竞赛平台，以创业计划书为基础。学生在创业大赛平台下模拟真实企业的创立过程，完成创业计划书、办理工商税务登记注册，对创立企业进行运营管理等决策。通过对真实创业环境的模拟，帮助学生掌握在真实企业创业过程中可能遇到的各种情况与问题，并对出现的问题和运营结果进行分析与评估，从而使学生对创业有更真实的体验与更深刻的理解。

第 5 章

经济管理实验教学平台保障体系

实验教学不仅是学生深化理论知识、掌握专业技能、培养创新思维的关键环节，也是提高学生综合素质的重要途径。建立一套科学合理的经济管理实验教学平台保障体系，既是保证实验教学平台正常运行的关键，也是培养经管类学生创新能力的保障。高校应当制定并建立相应的配套措施和制度，这些措施主要包括经济管理实验教学管理体制保障、实验教学队伍保障、实验教学运行条件保障及实验教学质量监控体系保障等多个方面。

5.1 经济管理实验教学平台保障体系概述

伴随经济社会的不断发展，对人才培养的要求不断提高，传统实验教学方法存在的不足已越来越引起高校的高度重视。改革传统的教学手段和教学方法，利用现代电子信息技术与网络技术，开设专业实验课，模拟业务流程，培养学生的动手能力和实际操作能力，已成为高校经管类实验教学改革的趋势。实验教学是培养学生创造能力、开发能力、独立分析和解决问题的能力，也是全面提高学生素质的重要环节，是高等院校经济管理类专业教学活动的重要组成部分，是培养应用型经济管理专业人才的有效用途，是培养复合型经济管理专业人才的有效方式。借助和依托学科优势和特色，建立适合经管类人才培养目标的实验教学保障体系是培养应用型人才的基础和手段。

5.1.1 经济管理实验教学保障体系存在的主要问题

目前，经济管理实验教学保障存在着一系列问题：

一是资源配置紧张。重视不够和资金不足等原因，使得学生人均占用实验室面积普遍偏少、人均使用实验设备量不足，导致实验教学难以开展或效果不佳，实践教学环节不得不采取合并、裁减等手段。

二是师资力量薄弱。实验教学观念的滞后导致较多的高学历、高职称教师不愿从事实验教学。

三是实验教材滞后。许多实验教师认为实践教材档次低，不重视，使学校使用的实验教材严重落后于整个行业发展的实际。

四是实验教学的重要性、系统性体现不够。在培养方案中独立设置实验课没有得到全面贯彻，学生课外社会科技活动在整个人才培养中的作用没有充分发挥，激励管理机制还存在问题，学科竞赛体系和运行机制不完善。

5.1.2 完善经济管理实验教学保障体系的对策

针对实验教学保障体系存在的问题，相关高校和专家学者提出的对策主要包括以下几个方面的内容：

一是规章制度的保障。通过建立各种规章制度，保障实验教学的顺利运行。

二是实验室建设的保障。通过建立专业实验室、实训基地等措施保障学生的实验课程。

三是实验课程体系的构建。通过构建课程体系、加大要件建设力度、推动实验教学改革等来确保教学质量的提高。

四是质量监控体系的构建。从质量监控体系目标、组织、制度、评价等方面进行系统研究。

五是师资队伍的保障。包括实验教师培训、组建学科梯度、实验教师学历深造等。

鉴于课程体系的构建已在第三章进行了探讨，本章主要就实验教学管理体制保障、实验教学队伍保障、实验教学运行条件保障、实验教学质量监控体系保障等四个方面进行论述。

5.2 经济管理实验教学管理体制保障

建立科学合理的管理体制和运行机制，是保障经济管理实验教学平台顺利运行的前提。高校应全面深化实验教学管理体制改革，从管理体制、运行机制等层面建立科学的实验教学平台保障体系，提高实验室综合效益。

5.2.1 经济管理实验教学管理体制现状

（1）经济管理实验教学管理内涵

经济管理实验教学管理工作是指高等教育过程中与经济管理实验教学相关的各项管理工作。实验教学管理的目的是遵循管理规律和实验教学规律，科学地组织、协调和使用学校的人力、物力、财力和时间、信息等，确保实验教学有秩序地进行，以完成实验教学在高校教学工作中的目标。

传统意义上高校经济管理实验教学管理工作包括实验教学计划管理、实验教学文件管理、实验教材管理、实验教学运行管理、实验教学档案管理、实验教学质量管理等。随着现代教育技术的进步和地方高校办学模式和手段的改革，实验教学管理又有了新的内涵，还包括实验教学基本数据管理、开放实验教学管理、实验教学网络资源管理、虚拟实验教学管理。高校的经济管理实验教学管理工作是教学管理工作的重要组成部分，同时又有着其特殊性。随着科学技术的进步和教学改革的推进，现代高校人才培养目标对实验教学管理工作提出了更高的要求。

（2）经济管理实验教学管理体制现状

《高等学校实验室工作规程》第四章第二十条："高等学校应有一名校（院）长主管全校实验室工作，并建立或确定主管实验室工作的行政机构（处、科）。"第四章第二十一条："高等学校实验室逐步实行以校、系管理为主的二级管理体制。规模较大、师资与技术力量较强的高校，也可实行校、系、教研室三级管理。"

2005 年以前，大多数财经类高校实验教学管理采用教务处设科的管理模式，除公共基础课实验室外一般直接隶属于二级学院进行独立管理，由二级学院负责实验室的建设与管理、实验教学任务实施和实验人员考核。2005 年底教育部下发《关于开展高等学校实验教学示范中心建设和评审工作的通知》，要求实验室建设模式和管理体制依据学校和学科的特点，整合分散建设、分散管理的实验室和实验教学资源，建设面向多学科、多专业的实验教学中心。理顺实验教学中心的管理体制，实行中心主任负责制，统筹安排、调配、使用实验教学资源和相关教育资源，实现优质资源共享。随后，全国许多高校经济管理实验教学中心应运而生。近几年来，各高校不断探索经管实验教学管理体制，但截止到目前为止并没有形成统一的模式。现有的模式主要分为三类：

①院系教研室分管实验教学

在这种模式下，教务处管理实验教学质量，院（系）直接负责实验室建设，教研室按课程组织实验教学，实验室一般按课程设置，简称"教研室管实验室"。这种管理模式在当前的财经类院校中较为少见。其特点是：利于教研室与实验室、教师与实验技术人员间的协调；利于教学科研和人才培养间的统一；利于教师自身技能的提高，尤其是利于青年教师的培养；利于实验室建设和形成特色实验室；利于专业的发展和长期积淀，形成品牌；管理单一，责、权、利明确。优点是：教研室使用方便，易于管理。缺点是：适应范围太窄；与其他实验室的合作太少；重复建设，资源浪费，容易形成小而全的局面；用房多，实验室人员编制多，资源消耗较大；经费不能合理配置。

②隶属或挂靠学院的经济管理实验教学中心分管实验教学

这种模式多适用于综合性或理工类高校。由于学科专业的多样性、复杂性、融合性以及专业自身的特殊性，这类大学成立隶属于或挂靠于学院的经济管理实验教学中心，统管经济管理实验教学工作。如重庆大学经济管理实验教学中心隶属于重庆大学经济与工商管理学院；重庆理工大学经济管理实验教学中心则挂靠于会计学院。

这种方式的特点是：利于调动隶属或挂靠院系的积极性，主动发现问题、解决问题；利于促进实验教学和科研工作上档次；利于扶持新专业、资源共享、扬长避短，促进院系内部专业的综合与交叉；利于宏观管理与微观分解，上下联动，责权分担。优点是：资源共享程度较高，设备利用率较高。缺点是：实验室功能受局限，难以形成特色；实验因任课教师不参与或极少参与，影响教学的连贯性与一致性；实验室与教研室间难协调；用房较多，经费较难合理配置。

③校属经济管理实验教学中心分管实验教学

目前，财经类高校大多实行校级管理模式，既将所有实践教学资源高度集中于经济管理实验教学中心，统一进行管理。但是，由于各高校具体情况不同，其经济管理实验教育中心具体管理体制仍有差异：

一是直接隶属学校的经济管理实验教学中心。该中心是与院系平行的独立的校属部门，统管全校经济管理实验教学工作，如重庆工商大学、广东商学院经济与管理实验教学中心等高校。

二是在学校实验教学部（处）下设经济管理实验教学中心，统管经济管理实验教学工作，如贵州财经学院等高校。

三是在学校教务下面成立经济管理实验教学中心，由教务处及中心统管经济管理实验教学工作，如哈尔滨商业大学等高校。

四是学校以联盟的形式成立经济管理实验教学中心，即由院系实验室以联盟的形式共同组建经济管理实验教学中心，如中南财经政法大学等高校。

这种模式的特点是：具有独立的教育资源，既有先进的教学仪器设备，又有统一的师资队伍；管理机构完善，高度集权，管理队伍齐全。优点是：资源共享程度高，设备利用率高；用房少，资金可统筹使用，合理配置。缺点主要是：不能充分调动二级学院（系）的积极性，工作协调难度大。

（3）经济管理实验教学管理体制存在的问题

我国经济管理类实验教学中心经过若干年发展取得了较大的进步。但由于多数高校认为实验教学是辅助教学平台，于是将实验教学中心纳入教学辅助部门，其管理体制和运行机制必然受到多方局限。

如何处理实验教学平台与相关学院（系部）和职能部门

的关系，如何设计平台内部组织机构体系，是许多高校尚未妥善解决的问题。高校经管类实验教学平台运行机制也普遍比较呆板，缺乏灵活性，发挥的功能和作用受到较大的限制，运行机制不够顺畅。另外，近几年来多数高校购置了较多的实验教学设备和软件，较大地改善了经济管理实验教学条件，但同时也出现了另外一个问题，那就是实验教学平台建设和运行的封闭性。一方面实验室没有很好地与社会、企业结合，导致其功能未能得到充分发挥；另一方面实验教学基本上是在固定的场所利用计算机模拟操作，不能让学生有身临其境的感受，难以满足学生的多元性需求。例如对实验教师的不同需求，对实验项目的不同需求，对实验时间的不同需求等。高校经济管理实验资源的利用率低下，成为一种普遍现象。

①实验教学管理理念滞后

目前，高校受传统应试教育思想的影响，长期以来形成了重理论、轻实践，重知识传授、轻能力培养的错误认识。认为经济管理实验教学是理论教学的附属，对实践能力的培养重视不够。不少地方高校从自身客观经济条件和投入产出的效益考虑，避重就轻，压缩实验教学学时，弱化实验教学，实验教学和管理工作长期得不到应有的重视。

②实验教学资源共享不足，设备利用率低

在实验室建设规划时各学院都是从本部门的实际情况出发，提出各自的建设和设备配置方案；在建设时较少考虑设备的利用率与共享性，以及设备配置的实用性与前瞻性关系的合理协调问题。在硬件方面往往追求最新的高档配置（服务器、计算机、网络设备等），并重复添置超越学院自身需求的实验室数码照相机、扫描仪、彩色打印机等设备；在软件方面往往由于购置时信息的不畅通而导致不同的实验室购买相同的实验软件，或者用户数仅能满足该实验室的现象，导致实验教学资源共享不足，设备利用率低下。

③开放实验教学管理工作滞后

经济管理实验教学管理和实验室管理手段的落后，严重影响了经济管理开放实验教学的运行和效果。随着教学模式的转变和教学改革的推进，高校日益重视学生创新意识和创新能力的培养，开放实验教学和网络教学是目前高校教学改革的重要内容。同时，随着学分制改革的不断深入，对开放实验教学提出了更高的要求。显然，现有的实验教学运行模式与当今实验教学要求不相适应。

④实验教学管理手段落后

目前，许多高校经济管理实验教学管理工作还处于手工操作阶段。实验教学任务落实、实验课程安排完全手工操作给实验教学管理带来繁重的工作负担。实验教学的基本信息收集和管理，缺少合适的数据平台，没有建立完整的实验项目、人员、设备数据库和实验室建设、管理文档库，无法实现实验室和主管部门之间信息数据的共享和同步，当需要数据上报或评估检查时就要加班加点整理数据、赶材料，使本就繁重的管理工作更加艰巨。

5.2.2 经济管理实验教学管理保障体系改革思路

要切实保障和深入推动经济管理实验教学改革，就要解决经管类实验教学平台管理体制不顺、运行机制不灵活等问题。经济管理实验教学保障体系建设的基本思路是：

（1）建立"统筹管理、分工协作"的实验教学管理体制

实验教学管理体制的建立对于统筹实验教学管理有着极为重要的作用。目前，许多高校在院系设置了专门的分管实验教学领导和专门的实验室主任，目的是与理论教学并行，强化实验教学的地位。其结果却适得其反，除了导致实验教学与理论

教学相互脱节以外，还导致院系实验室主任有名无实，"光棍司令"，无力履行相关职责。鉴于这种情况，重庆工商大学改革了这一体制，要求各经管类学院分管教学院长同时分管实验教学工作，教学系主任分管本系实验教学，经济管理实验教学中心统筹组织管理经管类学院实验教学工作，中心与学院分工协作，相互配合。

（2）建立资源共享的实验教学平台运行机制

遵循"统一规划、统一建设、统一管理、资源共享"的原则，在实验教学体系、实验室建设、实验教学计划安排、校外实习（实训）基地建设等方面，统筹管理和调配相关教学资源，达到实验教学低成本、高效益的目的。不仅有利于节约和有效利用教学资源，还有利于各专业、各学科之间相互交融、相互渗透，为学校培养复合型、应用型人才提供平台。

（3）建立开放互动的实验教学运行机制

实现学科交叉融合，真正建立以学生为中心的，灵活、自主的开放实验教学平台。要充分利用现代化手段，通过网络、多媒体技术进行实验教学，拓宽时间、空间概念，实行实验教学手段的创新，使实验教学成为培养学生实验技能、开发学生智力、启迪思维的重要训练基地。

5.2.3 经济管理实验教学管理体制改革探索

高校经济管理实验教学管理体制各具特色，改革措施多种多样。重庆工商大学经济管理实验教学中心（以下简称"中心"）积极探索实验教学管理体制改革，运行效果良好，保障了实验教学平台的高效运行。

（1）树立先进的实验教学管理理念

要从根本上改变实验教学的地位，妥善解决传统实验教学中存在的问题，首先要转变实验教学理念，贯彻"以学生为本、因材施教"的原则，提高对实验教学重要性的认识。重庆工商大学注重对学生探索精神、科学思维、实践能力、创新能力的培养，重视实验教学，从根本上改变实验教学依附于理论教学的传统观念，构建独立的实验教学课程体系，充分认识并落实实验教学在高素质创新型人才培养中的重要地位，形成理论教学与实验教学统筹协调、和谐发展的理念和氛围。

（2）调整理顺实验教学管理体制

中心坚持"统筹管理，分工协作"的基本原则，理顺经济管理实验教学管理体制。重新调整经济管理实验教学中心机构设置，适度扩大中心人员编制，为实验教学运行提供了组织保障。

一是学校成立了"重庆工商大学经济管理实验教学指导委员会"，制定了《重庆工商大学经济管理实验教学指导委员会章程》，充分发挥其教学指导咨询和审议决策的作用。

二是学校制定了《重庆工商大学经济管理实验教学中心管理条例》，从制度上明确了中心的地位、基本职责，以及与教务处、国资处、经管类学院之间的关系，明晰了实验教学的管理层次和内外协调机制。

三是调整经济管理实验教学中心内部管理机制，成立三个分中心（即"经济学实验教学分中心"、"管理学实验教学分中心"和"创新创业实验教学分中心"）、三个实验教学建设专家委员会、三个学生专业实践社团（"ERP学生俱乐部"、"大学生投资理财俱乐部"和"大学生创新创业联盟"），分别发挥管理、指导和依托的作用。

四是调整经管类学院内部实验教学管理模式，由各系系主任或副主任分管实验教学工作并兼任对应专业实验室主任。

（3）建立科学的实验教学运行机制

①统筹规划实验教学资源

中心统一集中管理实验教学仪器设备及实验技术人员。不同院系、不同专业间建设一个开放的实验教学环境，有利于打破专业界限，有利于人员、设备的调配，有利于实验室的充分使用，更有利于培养学生综合的观察、想象、思维、分析、解决实际问题的能力。对实验室现有的仪器设备、实验用房、实验项目、人员和经费等进行全面清查梳理，整合学科相关、功能相近的实验室，对各实验室的人、财、物进行集中管理，统一调配、统一规划和统一建设，打破学科、专业界限，面向全校实现实验室资源共享，获取实验室的规模效益。

一是全面清理学校实验室和实验设备资源，分门别类，列出清单。

二是根据不同学科、不同专业、不同课程所开实验的要求，归纳整理全校实验课程的类别。

三是将清理归纳好的实验项目与实验室、实验设备资源一一对应，在充分论证后重新确定实验室建制。

四是制定统一的实验室建设、实验设备购置制度。对实验室的建设、实验室设备的购置方案进行充分论证，从源头上杜绝仪器设备的重复购置。

②建立资源共享管理运行机制

中心实验室建设和实验教学打破由院（系）以及专业教研室分割而垒起的实验室"高墙"，对实验室的资源进行重新整合与优化配置，通过校企合作等多种途径从企业引入优质资源，做到对内整合，对外延伸。实验室除满足各专业的实验教学需要之外，还可支持教师和学生的科学研究，从而提高教师专业知识应用能力，改变教学中不合理的知识传授结构。实验教学中心还可为社会服务，为企业培训提供案例、数据资源和场所，进而提高实验室和实验资源的利用率，增强实验资源的规模效益。

一是优化配置，整合校内实验教学平台资源。实验教学中心为经管类学院的实验课程提供实验操作平台，并根据确定的实验教学课程统一协调实验教学安排，并做好上课之前的准备服务工作。在实验教学中心开设实验课的学院，由学院派出实验课教师，实验中心派出实验技术人员共同完成实验教学任务。由于经管类各学院、各专业统一使用实验场地、仪器设备和实验耗材，最大限度地发挥了仪器设备、实验室人员和实验室的利用率，达到了低成本高效率的目的。

二是校企（地）合作，整合社会优质教学资源。经管类实验教学中心必须充分利用校企（地）合作这一重要平台，充分利用社会资源，构建开放的、全真的实验教学平台。对于经济管理实验教学来说，加强校企（地）合作，引入和整合校外资源尤其重要。高校应该积极争取与企业（政府）共建实验室或实践基地，要支持教师到行业挂职锻炼，要聘请行业专家到学校授课或讲座，要将行业企业的典型案例或数据转化为学校实验项目。一方面，校企合作共建实验室或实践基地，建立全真化实验公司。这种公司化校企合作模式，不仅是深化校企合作的需要，也是学校降低办学成本与提高办学内涵的需要，更重要的是将从根本上改变目前校企合作举步维艰的困境，形成产学研结合的校企双赢局面。中心引入重庆和勤机构共建和勤创新创业中心（公司），创新创业中心（公司）聘请学校学生和教师担任实际职务，充分利用高校智力资源和劳动力资源进行社会化经营，从而实现学校与企业、与市场的无缝对接，且双方均从中获取一定的经济效益与社会效益，是一种成功的尝试。另一方面是校企合作开展实验教学。高校可以通过校企合作从企业取得真实的实验案例资料和数据，或者将校企合作研究课题或企业委托项目转化为创新实验项目，从而推动高校实验资料真实化。高校也可以充分利用企业中具有丰富实践经验的行业专家，聘请他们担任学校实验教师，充实高校实验教学队伍，并可试点将某个专业的全部或部分实验课程委托给具有相应实力的企业。

③构建开放互动的实验教学运行机制

实验教学体系应在实验教学内容、方法及管理上进行全方位改革，建立一套行之有效的拓宽知识面并提高学生实验技能和科学素质的实验教学及管理方法。中心积极探索建立开放实验教学运行机制，充分利用实验教学资源，在实验教学场地、实验教学时间、实验教学内容、实验教学师资、实验教学面向对象、实验教学手段、实验教学方法等方面全面推行开放式管理。

一是实验教学场地开放。建立网络在线实验室，为了更好地为学生服务，充分发挥实验室资源效益，尽可能将相关软件和实验数据库资源放在服务器上并挂在网页上，学生在寝室、教室、图书馆等学校任何地方都可以上网并进行实验操作。学生可以在网上进行实验预约、提交实验报告、征集实验方案，教师也可以实现网上辅导答疑，通过实验资源的网络开放，大大地方便了学生，从而较好地推动了开放实验教学工作。

二是实验时间开放。通过预约开放、定时开放、全天候网络开放等方式满足学生需求。预约开放，即师生预先向实验中心提出申请，由开放部门统一安排；定时开放，即开放部门根据教学计划的任务空当合理安排开放资源与条件，工作时间内随时向师生开放；7×24 小时网络开放，即实验中心开放所有网络实验系统和网络资源，对于设有权限的，只要师生事先申请使用权限，即可 7×24 小时任意时间使用。

三是开展经济管理类开放实验项目申报，实现实验资源开放互动。在实验教学内容方面，积极改造传统的实验项目，适当压缩验证性实验项目，创造条件增加综合性、设计性实验项目，鼓励学生自主设计创新性实验项目，强化学生智力的开发和能力的培养。另外在教学过程中强调师生之间的互动，注重学生的自主性学习和互动式学习，并在实验教学过程中采用情景模拟、角色演练、案例讨论等多元化的教学形式，增强教学中的互动性，激发学生的创新思维能力。在实验教学师资队伍方面，行业精英和政府部门专家走进学校，实现教学主体的多元化。实验课教师与实验员互动，中心设置拥有专业背景的专职实验员，这些实验员与实验教师一起直接参与实验教学工作，进行交流互动。实验课教师在企业进行挂职，学习行业实践经验，提升实验教学水平。实验教学分中心教师定期开展教研活动，对实验教学方法、内容等进行探讨交流。在实验教学面向对象方面，一方面突破学院界限和学生专业界限，中心设立的开放式的实验项目突破学院和专业界限让学生自主选择实验项目内容进行实验；设计跨专业跨学科综合实验供经管类所有学生进行选择，不同专业的学生在实验过程中相互交流，提高学生的综合实践能力和团队协作能力。另一方面面向校外企事业单位人员开放。校内学生到企事业单位进行实践。企事业单位专家和实验教学教师进行互动流动和学习。学校的开放式实验项目及综合实验项目面向校外企事业单位人员开放，经管实验教学中心要与企业单位合作进行职业教育培训。

④搭建了实验教学及管理信息平台

中心积极开展实验教学信息系统建设，自主设计开发了实验信息管理系统和网站，依托并融入先进的数字化校园网，形成了硬件设备先进且具一定规模、软件集成与共享、数据获取渠道广泛、实验内容相对丰富、网络管理高效的信息平台。

一是网络化实验教学硬件平台。中心依托学校先进的数字化校园网络系统，先后通过日元贷款项目、中央与地方共建项目、学校专项以及每年的实验室建设项目经费，搭建起 16 个可同时容纳 800 余学生开展实验，可直接访问校园网各种资源和互联网资源的网络机房，中心下设各实验室内部架设成100M局域网。服务器通过光纤连接校园网、通过两套卫星接收装置连接外部金融、地理遥感信息与数据资源，向各实验室提供高速、实时、真实的数据、资讯和其他各种实验教学资源，同时借助校园网，使实验室功能扩展到教室、图书馆、学生公寓、办公室、教师住宅区等地区，根据需要向社会提供实验教学服务。

二是网络化实验教学管理信息平台。中心自主设计研发的实验教学管理信息平台包括实验信息管理系统、经济管理类实验数据库、经济管理类实验案例库与中心网站四部分。其中实验管理信息系统包括实验室基本信息、仪器设备与软件、实验耗材、实验运行、实验开放、实验教学交互、实验成果等管理功能，实现了对实验的教学组织、过程、结果及开放进行有效管理。

通过信息化建设，使数据的发布、存储、网站内容的管理方便、快捷。通过统一身份管理，实现了统一用户管理、用户认证和单点登录三个层次的身份管理，提高了网站的安全性和便利性。

（4）建立规范化的实验教学管理制度

①经济管理实验教学及实验室制度管理

建立健全管理制度是提高实验室管理水平的保证，要真正发挥实验室的作用，必须建立和健全科学管理制度，按照科学管理原则，加强对实验教学的监督、实验室的实验教学管理和实验设备管理等。结合经济管理实验教学的特点，中心制定了一系列切实可行的规章制度和管理办法，如《经济管理实验教学质量评估体系及监督办法》、《实验教学组织管理办法》、《实验教学课堂质量监控办法》、《开放实验项目管理办法》、《实验软件管理办法》、《经管实验教学中心工作规则》、《实验室仪器设备管理制度》、《大型精密贵重仪器设备的管理办法》、《实验教学中心工作人员职责》、《计算机网络安全制度》、《实验室设备、器材借用、损坏、丢失赔偿制度》、《实验室仪器、设备档案管理办法》、《实验室低值品、易耗品管理办法》、《实验室消防安全事故应急处理预案》、《实验室固定资产管理办法》等，内容涉及实验人员岗位聘任及考核、实验室工作规程、实验室管理、实验教学和仪器设备管理等各环节。与此同时，中心建立经济管理实验教学激励机制、经济管理实验教学考核制度等，使参加实验教学的教师和工程技术人员工作量的计算和授课酬金得到合理解决，并通过政策引导，吸引高水平教师从事实验教学工作。

②加强经济管理实验室技术管理工作

经济管理实验室的技术管理是一个现实而重要的问题，主要包括计算机硬件的组装、计算机操作系统的安装、经济管理实验教学软件的安装调试、计算机网络的组建与维护和计算机病毒的防治等方面的工作内容。目前，我国高等学校的经济管理实验室的计算机拥有量已相当可观，最少也能达到上百台的规模。而在实验室上课的经济管理类专业的学生，因其没有计算机专业的背景，经验不足，在使用计算机的过程中，有些学生操作不当，误将计算机系统文件删除，或有意无意地修改计算机的配置文件，或在进行网络操作时感染病毒，这些都极易造成计算机系统运行不稳定，甚至崩溃，这些都给经济管理实验室的技术管理与维护带来诸多不便。因此，中心采取积极有效的技术管理手段，从计算机软件的安装与维护、计算机安全管理、计算机网络管理等方面加强了对实验室的技术维护。

③经济管理实验室的设备管理

经济管理实验室的实验教学仪器设备是实验教学实施的重要保障。因此，对实验教学仪器设备一定要做到"三好"，即管好、用好、维护好。"管"只是一种手段,"用"才是目的。管好是为了用好,而要用好仪器设备,就必须对使用人员进行技术培训,使其不断提高技术水平,而要提高技术水平,就要掌握仪器设备管理知识。

中心强化了仪器设备的技术档案管理。保管实验教学仪器设备的原始档案,包括订货合同、验收记录以及全部技术资料(如工作原理图、电路图、使用说明书、合格证、出厂检验单和附件等),对管好仪器设备至关重要。因为这些技术档案是正确使用仪器设备,考核和评价仪器设备是否完好的重要依据。除此之外,还要建立仪器设备的使用档案,用来记录仪器设备的使用时间、使用人员、运行情况等记录,以及故障现象与原因、排除故障的措施等维修记录。使用档案是考核仪器设备使用效益的重要依据,更是考核仪器设备技术状态的依据。

④经济管理实验室的耗材管理

经济管理实验室的耗材主要是指日常办公所需的打印纸、打印机墨盒或硒鼓、复印机碳粉、电源插座、中性笔、订书针等低值易耗品,以及实验教学所需会计单据、记账凭证、转账支票等消耗品。中心强化了经济管理实验室的耗材管理,从耗材采购、库存和使用三方面进行了强化,确保实验教学的顺利运行。

⑤经济管理实验教学技术人员管理

要建设高水平的实验室,充分发挥实验室功能,必须建设一支思想稳定、业务素质高、充满活力的实验室工作队伍。在实验室工作岗位中,建立一批稳定的专职和兼职结合的教学技术人员,建立青年教师进实验室工作制度,增强青年教师的实践动手能力和创新能力,加速青年教师成长。认真制定好实验室人员的业务培训规划,采取短期脱产进修或实验室专业技术岗位培训。加强管理,落实岗位责任制,建立健全规章制度。

落实政策，提高实验室人员积极性，在进修、提高、评优、福利、人事制度等方面与其他专业技术职务系列同等待遇。

5.3　经济管理实验教学队伍保障

教育部《关于进一步加强高等学校本科教学工作的若干意见》和周济部长在第二次全国普通高等学校本科教学工作会议讲话通知上明确指出："坚持传授知识、培养能力、提高素质协调发展，更加注重能力培养，着力提高大学生的学习能力、实践能力和创新能力，全面推进素质教育。"经济管理实验教学对于提高学生综合素质，尤其是创新实践能力有着重要的作用。在经济管理实验教学的经费、师资、设备三大要素中，实验教学队伍是其中最活跃、最关键的要素。建立一支稳定的实验教学队伍，提高其业务水平和整体素质，是推进经济管理实验教学改革，提高教学质量的关键。

5.3.1　经济管理实验教学队伍建设的必要性

（1）创新人才培养质量的提高，需要加强实验教学队伍建设

经济管理类专业创新教育，就是根据人才培养模式和目标的要求，以培养学生的创新精神、实践能力为核心，更新教学内容，优化课程体系，调动学生的积极性、主动性和创造性，培养和造就一批高层次的创新人才。经济管理实验教学有利于培养学生实践动手能力和解决问题能力，培养创造性思维和创新精神。这需要高水平的实验教学队伍科学合理地组织安排实验教学过程，充分发挥经济管理实验教学在创新教育中的作用。

（2）实验教学条件建设的加快，需要加强实验教学队伍建设

高校自身发展和培养创新人才的需要，加大了对实验室建设的投入，购置了许多先进的、技术含量高的仪器设备，增加了实验教学资源数量，改善了实验教学条件。这要求实验教师及技术人员必须提高自身素质，熟练地掌握与利用高新技术含量的仪器设备，以便充分发挥仪器设备的效益，提高实验教学质量。

（3）实验教学改革的深入推进，需要加强实验教学队伍建设

随着经济管理实验教学改革的不断深入，综合性、设计性实验在实验课程中的比例逐步增大，以培养学生创新能力为目的的开放实验教学方法逐渐推广，实验教学内容呈现的综合性、新颖性以及复杂性特征将越来越明显，这对在实验教学中起主导作用的实验教学队伍提出了更高的要求。实验教学队伍水平的高低成为决定实验教学质量的关键因素。

5.3.2　经济管理实验教学队伍的素质构成

（1）教学及教学组织能力

实验教师在进行实验教学活动中，应围绕人才培养目标，认真备课，合理组织，循循善诱地传授知识。同时，还要从第二课堂等方面指导学生从事科学研究和社会实践，培养学生的创新能力和实践能力。

（2）专业理论知识

科学的发展离不开实验，而实验离不开理论的指导，只有系统全面地掌握了科学理论，才能在实践中运用自如、得心应手，充分利用科学理论指导实验。如实验课程体系的建立、实验项目的提出、实验教学内容和方法的改革、仪器的选取和故

障的排除等，都必须要有正确理论的指导。因此，经济管理实验教师及实验技术人员必须具备扎实的相关专业理论知识，并从中挖掘、思考和研究，创新实验方法和手段，提高实验教学质量。

（3）实践能力

经管类实验教师本身应当具有一定的实践经验，具有较强的实践能力，全面熟悉和掌握与相关专业紧密联系的社会实践活动。同时，教师还应当具备指导学生进行课程实验、综合实验和管理实践的能力。

（4）创新能力

要求实验教师应当具备学科知识的创新能力，并将这些创新能力传授给学生，引导学生在专业知识方面去研究，去创新，培养学生在专业知识领域中认识问题、分析问题和解决问题的能力。经管类实验教学本身是带有很强创新性的教学活动，需要教师在教学活动中不断探索，寻求培养创新型人才的新途径、新方法，不断推动实验教学改革向纵深发展。

（5）业务技术技能

精湛的实验技术是对优秀实验指导教师和实验技术人员的基本要求之一。随着科学技术的进步，实验仪器设备日趋电子化、数字化和自动化，且更新率加快，这就要求实验指导教师和实验技术人员在设备购置前对其性能要有全面的了解，设备购置后要尽快掌握仪器设备的原理、重要技术参数、技术要求和操作规程，具有对仪器设备娴熟的操作使用技术和精湛的维修技术。同时，实验教学人员还应具有实验前材料的准备和实验后数据的整理和分析能力、实验仪器设备的设计和功能开发能力以及对实验过程中出现的各种技术问题的处理能力等。此外，现代教育技术的应用和实验教学方法手段的改革，也要求实验教师必须熟练掌握网络技术、课件制作和多媒体使用技术等。

5.3.3　经济管理实验教学队伍建设的途径

（1）转变传统观念，提高对实验教学重要性的认识

要使实验室工作在教学、科研、素质培养等方面发挥其独特的作用，必须更新观念，提升实验教学队伍的地位，高度重视实验室的建设与管理，培养一支真正精通业务又会科学管理的实验教学队伍。

一是把实验教学提高到与理论教学同等的重要地位。必须在高等教育领域提升管理部门和全体师生对于实验教学重要性的认识，转变传统观念，切实摆正理论教学和实验教学的地位与分工，把实验教学从辅助地位提升到重要地位。

二是提升实验教学人员的层次。逐步减少低端专职实验辅助人员的数量，大量引入高学历高职称人才，逐步拉平理论课教师和实验教师的客观差别。

三是充分认识实验室工作在高校教学、科研中的地位和作用，实验技术人员与教师之间只有分工不同，并无高低贵贱之分，提倡实验技术人员甘当配角、乐为人梯的奉献精神。提高实验室工作人员的地位与待遇，让所有参与实验教学的人员处于平等的竞争地位，激励和促进优秀人才的合理流动与整合。

（2）建立实验教学教师梯队，提升实验教学师资队伍整体素质

教师梯队是按照年龄、学历、教育能力、学术水平等标准对从事同一学科教学和科研的教师进行的分类，教师梯队是一个有梯度、有层次的教师团队。目前，我国高等院校一般分为研究型大学、教学研究并重型大学和教学型大学，与其培养目标和模式相对应，各类高校的教师梯队在规模、层次和要求上存在很大不同。综合性大学人才荟萃，教学、科研水平较高，

办学规模大，仪器设备先进，综合实力强，其教师梯队应建设成以科研为主的研究型梯队；教学研究并重型学校学科相对完善，拥有较多的硕士点和一定的博士点，教学和管理水平高，其教师梯队应为教学科研并重的梯队；教学型院校以教学为中心，科研服务于教学，其教师梯队的主要任务就是搞好教学工作，在搞好教学工作的前提下开展科研工作。

建立经济管理实验教学教师梯队就是要在经济管理类专业范围内按照实验教师的年龄、学历、教学能力、学术水平等标准建立一个有梯度的、有层次的实验教师团队，提升实验教学质量，建立与理论教学同等重要的教师梯队，从而为实验教学服务，提升学生的创新实践能力。

①提高经济管理类实验教师队伍的整体素质。教师队伍素质的整体优化是教师梯队建设和优化的基础。首先，要建立严格的实验教师聘任制度，从源头上提高实验教师的素质。作为高校经济管理类实验教师，起码应具有硕士及以上学位，并大力引进具有博士学位的教师从事实验教学，从而使实验教师的教学能力、科研能力与理论教师同等。其次是优化实验教师梯队队伍结构。实验教师梯队建设既要注重教师的年龄、学历、学缘、专业技术职务、学科等显性结构的优化，又要注重教师的道德、能力、水平、性格等隐性结构的优化，在重视发挥老教师作用的同时，加快中青年骨干实验教师的培养，造就新的教学带头人和教学骨干，使教师队伍后继有人，职务结构符合实际需要，高学历教师比重增大，学缘结构趋近合理，教师队伍结构达到全面优化。

②加强教学带头人的培养和引进。一个高水平、高素质的教学带头人可以带出一个教学和科研能力强、综合素质高的教师群体。学校应制定相关政策，积极引进高职称、高学历、高技能并且具有创新能力的人才担任教学带头人，吸引高水平教

师从事实验教学工作,并加强培养力度。对教学带头人在课题经费、津贴待遇等方面进行倾斜激励。

③强化管理理念,加大管理力度。实验教学教师梯队建设是一项综合治理工程,涉及教学、科研、管理、人事、后勤等方方面面。为此要专门成立相关领导机构,负责制定实验教学建设规划,协调解决教师梯队建设工作的有关问题,并建立起一套完善的管理制度,使教师梯队建设走上制度化、科学化的轨道。在管理过程中应强化以人为本、以教学为本、开放式、动态的教师梯队管理理念。并要树立教师参与社会实践、服务于社会与经济发展的理念,不断提高实验教学教师梯队的整体水平。

(3)优化实验教学师资队伍结构,加强实验教学队伍的管理

创造以人为本的和谐工作氛围,稳定现有实验教学队伍,同时多种渠道吸纳优秀人才,优化现有实验队伍的结构。

①通过实验室的科学设岗,减少固定编制,建立流动编制,引入高素质人才进实验室,充实实验教学队伍。逐步将过去以实验教师、实验技术人员、实验员为主的实验教学队伍过渡到以课程负责人与实验教师为主,博士、硕士研究生和实验技术人员为辅的高水平实验教学队伍,实现理论与实践、科研与教学的有机结合。

②改革实验教学方式。提倡学科带头人、教授、博士指导实验课,实行教师轮流带实验,实现理论课教师和实验指导教师的轮岗;充分发挥在读研究生在实验教学中的积极作用,这既有利于研究生的培养,又有利于改善实验教学队伍结构;选拔责任心强、学术造诣深、治学严谨、具有创新精神的学术带头人担任实验室主任,给实验室建设和发展注入活力。

③重视专任实验教师双师结构的搭建。"双师型"教师是

指具备良好的师德修养、教育教学能力，良好的职业态度、知识、技能和实际操作能力，持有"双证"（教师资格证书和专业技能证书）的专业教师。"双师型"实验教师既有扎实的理论基础，又有较强的实验操作经验和操作技能，比理论课程教师更加清楚专业性质、专业的工作流程及在实际工作中可能出现的问题，对前沿的专业技术及其发展有一定的研究。聘请一定比例的行业企业精英作为兼职实验教师加入到实验教学团队中，保证实验教学内容紧跟社会发展。这样的实验教师队伍才能作为组织者、引导者、合作者与服务者，在实验教学过程中充分发挥学生的主体作用，激发学生的创新意识，培养具有创新精神和创新能力的人才。

④稳定实验教学人才队伍。逐步提高实验教学人员的待遇，在实验教学的课时津贴分配上，应与专任教师岗一视同仁。在职称评定上，大胆地改革创新。在实验技术系列设立正高级别职称，对理论基础浓厚、技术精湛、成果丰富的实验技术人员应允许晋升正高级别职称，为他们提供发展空间和积极向上的动力。这样才能让高水平人才安心地在实验室工作，使他们能够感到专任教师岗位与实验技术岗位只是分工不同，不存在高低贵贱之分，从根本上解决实验教学队伍不稳定的问题。

加强实验教师师资队伍管理是提高实验教学质量水平的根本保障。一方面要强化实验专职教师的管理，按照经管类相关专业划分各学科教师，改革实验专职教师聘用制度，提高实验教师工作待遇。另一方面划定实验技术人员工作职责，理顺实验室的管理机制，完善和修订实验技术人员的聘任、考核、流动、工作量核算、工作职责等规章制度，重视规章制度的落实。总之，建立一支思想稳定、业务过硬、技术全面、结构合理的实验教学队伍，是有效提高仪器设备使用率、提高实验室效益的决定因素，是实验室建设和管理的关键，是培养创新创业人才的基础，是促进学校又好又快发展的基本条件。

（4）加大实验教学队伍的培训力度，提高实验教师学历层次

建立和完善实验教学人员学习、培训制度，采取会议、座谈交流，定期培训、岗位辅导培训等多种形式，不断更新提高实验教学人员的知识与技能，从多个层面提高实验教学人员的综合素质，保持实验室建设和发展的生机与活力。

①加强实验队伍岗位培训。制定科学的培训规划，采取有力的培训措施，认真组织培训工作，切实提高实验教学队伍的业务水平和整体素质。在培训内容和形式上，可采取普及与提高相结合、理论与实践相结合、在职与脱产相结合、长期与短期相结合、业务培训与学历提高相结合等方式，达到提高实验指导教师和实验技术人员的专业理论知识、实验技术技能和组织管理能力的目的。在聘请行业企业精英的同时，应当特别注重定期组织实验教师到行业、企业挂职学习，不断吸收新鲜血液。

②鼓励实验教师提高学历层次。采取相应激励措施，鼓励实验教师继续深造，提高自身的专业素质和专业技能。

③鼓励实验教师外出考察交流。不定期参加国内外实验教学交流会，丰富自身的专业知识同时，了解当前实验教学的难点和创新点。

④采用传帮带等其他多种形式提高实验队伍人员素质。安排和要求低学历及非本专业学历的实验教师在职听课，组织校内或校外实验技能、计算机水平及英语等级培训班，以老带新，发挥优秀实验教学人员的传帮带作用，鼓励和支持实验教学人员参加科学研究、学术交流和实验教学改革等，在教学和科研实践中提高素质。

总之，通过培训，实验教师应具备扎实的专业知识、较强

的动手能力和较宽的知识面，了解和掌握通用的理论知识以及电子、计算机等应用技术，熟练掌握所管理使用仪器设备的性能及操作、维修方法，注重实验方法的设计和保持仪器设备处于最佳工作状态，促进实验教学与创新活动的开展，从而推进实验教学质量的不断提高。

5.4　经济管理实验教学运行条件保障

加大实验室环境建设、强化实验教学软件建设、搭建实验教学信息技术平台对于保障实验教学的顺利运行起着极为重要的作用。

5.4.1　经济管理实验室环境建设

近年来，我国高校经管类实验室的规模不断扩大，数量不断增加，发展迅速，对提高教学质量，培养学生综合能力发挥了重要作用。但与理工类学科的实验室相比，经管类实验室的建设还有许多需完善的地方，特别是在实验室环境建设方面重视不够。然而，实验室的环境建设对实验教学质量起着不可忽视的作用：

一是培养人才的需要。对于学生而言，经管类实验室是有别于传统教室的一种特殊教育的场所。虽然学校的各方面都会影响学生的成长，但是经管类实验室对学生的成长、成材、成人的影响意义更加重大。良好的经管类实验室环境会使身临其境的人心情愉快，增强自信心和学习兴趣，从而更加热爱所学的专业。

二是实验教学的前提。经管类实验室软环境实质上是主体进行工作、活动的一种人文环境，其形成是长期的，有其历史继承性。积极向上的工作态度、结构合理的队伍、科学规范的制度、内涵丰富的管理文化，是我们从事实验室管理的良好文化氛围，营造这种宽松和谐的经管类实验室软环境，是创新思想不断涌现的基础。尽可能地保护好实验教师、科研工作者的身心健康，是稳定实验教师队伍，搞好实验教学的需要。

三是资源共享的基础。经管类实验室的环境建设有利于加强校际间的交流和合作，良好的实验室环境能增加实验室的竞争力，吸引外校、企业和科研单位的注意力，提高实验室的知名度和美誉度，从而有利于进行广泛合作，提高仪器设备的利用率，产生较好的经济效益。同时广泛的交流合作也可以互相促进、共同提高，增加实验室的研发能力和科研水平，促进实验室的进一步发展。

（1）综合实验室建设

随着我国各大高校对实验教学越来越重视，经济管理类综合实验室建设得到了较大的支持。经济管理类综合实验室面向经济管理类各专业，基本上采用计算机房形式，其实验设备主要是计算机与专业应用实验软件。其特点为：

一是承担着学生进入大学之后进行实验基本技能的训练任务。它的实验教学效果如何，不仅直接影响后续课程的教学，而且对学生毕业之后的工作产生深远的影响。

二是实验教学任务繁重。综合实验室承担着经管类各专业实验课程数目庞大，无论是实验课时、学生时数，还是实验项目数在教学中都占有较大的比重。也就是说本科生教学实验有将近一半是在综合实验室中进行的。

三是综合实验室以教学为主，绝大多数使用的是计算机等硬件及实验教学软件，供初学者反复频繁地使用。由于使用频繁，实验教学硬软件故障率、损坏率较高。而这类实验室资金投入渠道少，如果不重视，硬软件设备很少得到更新，难以保证实验教学的要求。

为此，要结合高校实际需求，强化综合实验室建设力度：

一是加大资金投入。改变传统实验依附于理论的做法，抽调专门经费，根据实验教学需求，学生人时数建立综合实验室。

二是规范综合实验室管理。从实验室建制、规章制度、仪器设备、实验教学队伍等多个层面规范实验室管理。由专门的实验技术人员负责相关实验室，保障实验教学的顺利运行。

三是提升综合实验室利用率。根据经管类各专业需求合理安排实验课程。分散实验课程时段，在条件适当的情况下，利用晚间、周末的时间分担高峰期实验室的利用；同时加大开放实验教学的力度，从时间、空间上实行开放，提高实验室利用率。

四是加大对实验室设备的维护。对于较旧的仪器设备、实验教学软件要及时更新。同时强化新设备、新软件的培训及使用，定期对设备及软件进行检修，保障日常实验教学的顺利运行。

（2）专业实验室建设

①专业实验室建设意义

专业实验室对学生的实践能力和创新精神的培养方面起着重要的作用，是培养学生综合素质的重要基地。主要表现为：

第一，实验室是实践教学的重要场所。经济管理专业实验室主要是提供模拟市场环境来考查学生应用理论知识的能力以及提高学生创新能力。经济管理专业实验在培养学生具有将来所从业岗位必需的操作技能的目标上起到非常重要的作用。这个目标的实验主要是通过学生实验接受系统的、正规的专业技术、技能的训练，并使这种训练达到一定的熟练程度来实现的，对学生提高解决实际问题的能力起到非常重要的作用。

第二，对巩固经济管理理论知识意义重大。在市场经济条件下的现代经济管理专业课程多、系统性强、相互联系紧密，迫切地需要理论与实践相结合的教学方法。经济管理专业实验室的建设能够有效地缓解学生眼高手低的劣势，大大提高了实验教学的水平，同时也很好地实现了理论与实践相结合的目标。

第三，对学生就业意义重大。目前社会亟需大量的经济管理专业人才，但目前的教育体制、课程设计等不能很好适应形势的发展需要，导致学生毕业后缺乏实践能力，不能很快上手，需要企业另外投入人力与物力重新进行培养和教育。同时，由于院校扩招的影响，如果学生没有过强的专业技术就无法产生有效的竞争力量。经济管理实验室能够让学生在实验的环境下实践理论、应用理论，让理论与实践对接，最终实现就业零距离。

②专业实验室建设目标及思路

经济管理专业实验室不仅为各门课程教学软件提供环境支撑，而且应强调依托课程群的模拟实验环境，推动教学、研究与实践的紧密结合。实验环境的建设从强调学生上机认知实习和操作验证，到创造模拟企业环境注重综合知识与创新能力培养，并鼓励教师积极参与管理实践。总之，实验室建设目标应包括以下几个方面：

一是从单纯硬件和网络建设转向模拟企业真实的实验环境。

二是从单个教师的验证性实验教学转向课程群为基础的跨学科教学团队和教学资源的综合性集成实验环境。

三是从教师闭门设计认知性教学实验提升为师生共同探索创新型实验学习模式。

四是从封闭的实验环境转向以跨时空协作的体验和研究性

网络实验环境。

按照经济管理专业实验室建设目标，实验室建设应体现"三大结合"。具体如下：

一是专业实验室建设应与学科建设相结合。一个学科要覆盖若干个专业，而专业可以支持若干个学科。学科是相对固定的，它的建设与发展是长期的，它的水平需要不断地积累。而专业则相对灵活些，它可以根据社会的需求来决定自身的规模和发展方向，相对于学科而言，它的建立与撤销则较容易。由于学科的发展相对稳定性，同时又是学校水平的象征。因此，各校对学科的建设都是相当重视的。所以，经济管理专业实验室的建设应该和学科建设结合在一起，这将会给专业实验室带来相对稳定的发展空间。

二是专业实验室建设要与实验教学改革相结合。要以促进实验教学体系、实验教学内容、实验教学方法改革为切入点，提高学生的科学思维能力，激发创新意识，增强实际工作能力。在专业实验室的建设中，以实验教学体系和内容改革为先导，以集成建设向综合平台发展为目标，以教学和科研相结合、院系共建为原则，并将专业实验室的建设与本科教学水平评估相结合，最大限度地发挥投资效益。

三是专业实验室建设与课程教学改革相结合。长期以来大多数实验是为了验证理论，加之课程划分过细，使得各课程的实验体系显得比较零乱，各自为政，内容单一。实验室体制改革后，根据21世纪人才培养的要求和"厚基础、强实践、整体优化"的原则，按学科大类重组、优化实验教学体系，构建适应现代社会需要的与理论教学体系相对独立的专业实验教学模块。

③专业实验室结构设置

根据经济管理专业课程的特点，强化专业实验室的结构设置，比较典型的经济管理专业实验室如 ERP 实验室、统计预测与决策模拟实验室、金融实验室、电子商务实验室、物流与供应链管理实验室等。各实验室根据需要配备必要的计算机、投影仪、打印机、LED 大屏幕显示屏、多媒体演示设备及相关软件，这些设备可以购买或通过与商家合作降低购买成本。

ERP 实验室：软件配置为 ERP 软件，搭建仿真企业平台。在实验中，需提供仿真的业务处理环境，使实验者有置身于企业当中、身临其境的感觉。环境模拟不仅包括一个单位内部的工作环境，还包括企业与外部关联单位的工作关系。在模拟实验中，以企业实际流程为引导，针对某一特定业务，由实验者模拟企业不同部门不同工作岗位独立完成业务处理，从而使实验者能够熟悉系统功能，明晰不同类型业务处理的流程，能够系统性地将理论与实践相结合，提高实践能力。

统计预测与决策模拟实验室：软件配置为 Clementine、SAS、SPSS、Excel、Matlab、Eviews。主要链接的数据库则根据需要链接，如中国工业统计数据库、中国投资企业数据库、营销数据库等。通过实验，学生熟悉应用各种统计分析软件，而且能够深刻理解理论知识，并能熟练运用各种软件进行数据分析，根据数据分析结果建立模型以对决策提供支持。

金融实验室：本实验室可分为 3 大模块，即银行经营管理模块、证券投资模块以及财务分析模块。主要软件配置：银行业务模拟软件、银行经营管理智能分析系统、金融分析系统、财讯分析与模拟系统、SAS、SPSS 等软件。主要数据库链接为 CCER 数据库、CSMA 数据库、商业数据库，同时也可链接一些国际性的数据库等。通过让学生扮演金融内各角色在仿真环境中处理各角色所需负责的业务，使学生切身体会及熟悉了解金融方面的业务流程。

电子商务实验室：主要软件配置为商场管理系统、网上商店、网上拍卖管理系统、进出口电子单证系统以及国际商情联机检索系统，开发工具还有各种网页设计和制作工具，如Flash、Photoshop、Fireworks、Dreamweaver，开发语言有 Visostudio. net 等。通过在实验环境下模拟网上 B2B、B2C 流程，让学生在电子商务流程中充当一定角色，入席企业中客户管理，商品在线分类查询、促销、采购、订单、支付等一系列电子商务操作。

物流与供应链管理实验室：主要软件配置 SPSS 系统、供应链管理系统调度系统、订单管理系统、采购管理系统等。通过实验，学生扮演不同角色，模拟物流从订货开始，通过生产、存储、配送、发货直至到货的过程，同时配合物流信息系统和设备的使用，提高并加深学生对物流知识的理解及应用于实践的能力。

④专业实验室建设方案

制定切实可行的发展建设规划，推动专业实验室合理建设。经济管理专业实验室建设规划应从经济管理学科现代化建设的高度来制定，既要考虑学科建设需要，又要考虑人才培养的需要。正确处理理论教学、计算机模拟教学和其他综合性、设计性实验教学的时间安排和衔接，做好软硬件资源的统筹建设。加强实验教学师资队伍建设和资源库建设，协调教学、科研和社会服务的关系，使规划具有前瞻性和开放性。

提高认识，加大投入。要加强经济管理专业实验室的建设，最重要的是学校领导和教师认识到实验教学的重要性。在提高认识的基础上，在科学发展观的指导下合理规划实验室的建设方案，提供经济管理专业实验室建设必要的场地，加大软硬件的购置力度，同时还要建立合理的实验室组织架构，以便提高设备利用率。

整合资源，强化专业实验室软硬件和网络建设。在实验设备上，硬件的购置保证相关软件和模拟实验环境的正常运行。作为开放式模拟训练实验环境，除在实验室内部保障计算机实验条件外，在网络环境上，通过实验室专业服务器，利用校园网为学生在宿舍或其他环境进行专业实验提供便利。在实验教学软件上，要结合经济管理类人才培养目标，安排专业老师对软件进行试用和验收，确保实验软件购买后的高使用率。同时加大对软硬件设备的管理和维护，及时更新替换故障设备及过时教学软件，保障实验教学的顺利运行。

做好经管类专业实验室环境文化建设，营造实验室文化氛围。经管类专业实验室的环境文化布置主要为：

一是布置要美观大方。美观舒适的环境是吸引学生、提高学生实验兴趣的一个重要因素。比如：会计实验室应该布置得宁静、庄重；而 ERP 沙盘实验室又应该布置成充满活力、竞争的一个环境。

二是合理利用室内、走道墙壁形成与实验室相配套的文化气氛。可采取多种形式，利用墙壁，介绍杰出的经济学家、国内外经济动态、著名企业家、本实验室已完成的研究成果、学生竞赛荣誉、名人名言等。调动参与实验的各方主体，增加经管类实验室的文化气息，把装饰艺术、美学、行为心理学、健康学等知识应用到经管类实验室环境规划设计之中，要探索发展具有中国高校特色的经管类实验室文化。

（3）实训基地建设

①实训基地建设意义

一是社会发展的需要。社会经济不断地快速发展，经济管理类专业人才必须适应社会发展对人才的需求。经济管理实训基地的建设，有助于培养学生的社会实践能力、创新能力、创业能力，提高学生的就业能力。

二是提高学生专业能力的需要。目前，经济管理类专业在校生普遍存在实习单位难找，实践经验不足，或到企业去不知道该做什么工作及工作如何下手等问题。经济管理实训基地的建设，将使学生掌握经管类相关工作的全过程，同时也将不同学院不同专业的学生组合在一起，培养了团队精神，提高了学生的综合协调处理能力。

三是资源共享的需要。随着社会经济结构转型与经济的快速发展，高校经管类专业由原来较为单一的设置发展到现在的会计、财务管理、金融保险等多个专业，专业建设不断走向成熟。专业学科间的相互融合需要建立实训基地，满足不同专业学生实践需求的同时提高教学资源的利用率。

四是培养学生创新创业能力的需要。现代教育应注重培养创业精神和创新能力，使学生具备以创新创业能力为核心的综合实践能力。经管类实训基地的技能操作、项目实施、仿真模拟等一系列模拟训练，既可培养学生的创业精神和实践能力，又可激发学生的创造性和创新思维，并使创造的欲望转化为能力。

②实训基地建设策略

一是依托集群，构建实训基地框架。所谓专业群，是指由若干个相近相关的专业（或专业方向）共同组成的专业集群。依托专业群构建实训基地框架，就是以专业群中的龙头专业或重点专业为核心，以专业群中的其他相关专业为辐射，构建实训基地体系。这样既可减少实验、实训室建设中不必要的重复投资，提高设备、设施的利用率，又能突出重点，提升设备的先进性和实训的系统性，从而满足经济管理类专业技能实训综合性和多样性的要求。

二是基于实战，建设实训基地内涵。经济管理专业实训基地的建设，应尽量考虑实训情境真实性的需要，努力摆脱传统的模拟实训框架，特别是本科院校验证性的实验模式。应以就业为导向，根据就业岗位的技能需要，加强一般性、仿真性和实战性"三性一体"的实训基地建设，特别是要着力打造实战性实训基地。例如：组建经营性创新创业实践公司，可让流通、经贸类专业的学生直接参与一些商品的销售，并将经营业绩与专业实训成绩挂钩，营销利润与学生分成，充分调动学生实训的积极性，让学生在营销实战中了解商品、了解市场、了解顾客，从而学会营销的技巧。

三是建立教师培训机制，加快"双师型"专业教学团队建设。要不断完善实习实训基地兼职教师管理制度，专门聘请企业专业骨干参与实践教学管理，充分利用实习基地企业的设备和人员优势，加大产学研合作力度。年轻教师利用指导实习的机会或教学之余深入基地企业，与企业的技术骨干、技术专家、工程师、技师、技术员等接触交流，得到实际锻炼，提升专业实践能力。

四是校企合作，创新实训基地模式。以校外实习基地为桥梁纽带。加强与企业的协作，发挥设备优势、人才优势，优先为挂牌实习企业作好服务。将企业在工作实际中所遇到的技术性、管理性和经营性难题及案例作为专题，通过课余兴趣小组形式，由师生共同研究开发，以此来带动教学，使教学与科研相互促进，同时接受由企业委托的项目开发课题，与企业技术人员合作，使学校和企业科研人才相互渗透。通过联合开发，即可推动企业发展，增强企业经济活力，同时也给学校注入了科研动力。

五是面向社会，做强实训基地品牌。经济管理类专业实训基地建设，除了应考虑专业群内各专业的实训辐射面外，还应考虑其社会服务功能，为社会相关企业的员工岗位培训提供优质服务。面向社会，做强基地服务品牌，就是要增加投入，做大、做强实训平台，努力在技能教学规范化的基础上突显出基地的系统性和先进性，在地方或行业内起到示范与引领作用，成为某种技能培训、考核与发证中心，既能提升学院的实验教学质量，又能提高实训设备的利用效率。

5.4.2　经济管理实验教学软件建设

随着教育理念、教学方式方法的改变，经济管理类实验教学越来越被各院校所重视。在经济管理类实验室中，许多实验教学主要采用软件方式实现，这些软件提供了学生了解实际业务的环境，提供了练习业务操作的平台。为此，明确实验教学软件功能和性能，合理选择实验教学软件成为实验教学重要的环节之一。

（1）实验教学软件选择依据

①先进性。实验教学软件应代表先进的技术成果和先进的管理理念，要发挥好实验室的人才培养、科学研究、社会服务三大功能，必须将实际工作部门正在使用的软件搬到实验室来，进行仿真教学，使教学更贴近实际，真正做到理论联系实际。

②易用性。软件安装要简便，设置不会跟系统或者其他软件产生冲突，保证整个系统软件的可用性。而且尽可能在网络环境运行，界面美观、友好，操作简便，方便教学。

③共享性。考察软件能否为多个实验项目实践提供支持，并考察软件能否在尽可能多的计算机上安装或者共用。

④配套性。考察是否具备适于软件运行的外部条件，如实验课程计划和实验大纲是否符合，还有实验教师及技术人员、相配套的硬件环境、经费等是否具备。

（2）实验教学软件引进途径

①软件商提供。实验教学软件包括应用软件和专业软件。应用软件商是通过付费或免费提供经济管理类商品软件或测试

版软件。由于软件的专利权等问题，应用软件商根据实验教学需求，对已有商品软件加以部分开发，形成新的教学软件。加之一些教学软件只能满足实验教学的部分需要，难以见到真正完全符合实验教学的应用软件。为此，在选择使用应用软件商提供的软件时，应该有自己的主见，要清楚将得到软件是否真正满足教学需要，而不是给了我们多少优惠。专业软件商是指进行从事实验教学软件系统开发的专业软件商。目前市场上已经可见到少量的、较简单的由专业软件商研发的实验软件产品。同时高校实验室根据实际教学需求，提出教学软件大体构想，由专业软件商开发实现。由于此种软件由专业软件商开发，故而在维护及升级时需向专业软件商支付一定费用。

②交流共享获取。通过交流、共享的方式来获得和使用实验软件实际上是存在的，一般来说这类软件的规模比较小，多数是单机版的，并且实验内容也单一，水平一般不太高。

③研发获取。包括自主研发获取和联合研发获取。自主研发是高校按教学目标和内容自行设计研发设计实验教学软件。自主研发要有这样几个前提：知道实验教学的目的和内容，知道实验教学软件应该具备的业务功能和教学功能，知道如何设计和实现实验教学软件，还必须有一个具备软件开发和实现能力的团队。联合研发也是一种可选择的、行之有效的实验教学软件获取方式。联合的方式也有多种，既可以是学校与专业软件商联合，也可以进行兄弟院校间的联合。合作的各方均将自己的优势融入进合作研发的软件系统，在自己熟悉的领域方面投入力量和技术，真正从实验教学的角度出发，采用先进的设计理念和方法，研制出符合现代实验教学需要的、科学合理的实验教学软件系统。由于计算机及网络技术的飞速发展，目前许多行业都拥有了品质优越、技术先进、理念新颖的专业软件系统，这些系统的成功经验对实验教学软件系统的研发来说极

具借鉴意义。合作各方的交流与协作将会引起多领域、多学科的思想和技术的交融，相互促进、共同发展，合作的各方都将会从中获取到丰富成果和利益。

（3）加强实验教学软件建设的建议

①注重实验教学软件论证。实验教学软件的论证对于提高实验教学质量、优化教学资源、合理利用实验设备经费有着十分重要的作用。实验教学软件费用高且技术性强，故而高校经济管理实验教学软件论证应由资产管理部门牵头，财务部门、教学管理部门、实验管理部门、实验室技术人员、实验教师等共同组成论证队伍，针对实验教学软件进行系统论证，讨论实验教学软件的可行性，切实保证实验教学软件的高利用率和实用性。

②强化实验教学软件培训。实验教学软件的应用性、技术性要求强化实验教学软件培训。无论是实验教学人员还是实验技术人员，在验收实验教学软件时都要对软件的性能、功能、安装、应用范围等做系统的了解和研究，并由软件提供者定期或不定期进行培训，切实掌握软件的运用。此外，要加强实验技术人员与实验教师的联系，共同维护实验教学软件的正常运行。

③加强实验教学软件维护。经济管理实验室在教学实验中出现的软件问题主要包括以下几种情况：由于学生的操作引起的，如误删文件或其他的恶意操作；病毒引起的软件故障，病毒来自学生带来的U盘或者来自互联网；软件之间的冲突问题，一些软件同时安装在一起导致运行冲突，例如会计软件中的用友系列产品和金蝶系列产品是不能安装在一起的；系统中安装软件太多导致运行速度变慢，甚至死机，由于经管类教学所要使用的软件繁多，而且有些软件的容量十分巨大，装在一个系统中会使得速度变慢而影响实验，因而要加强实验教学软

件维护，在每台学生电脑中安装硬盘还原卡，定期对实验教学软件进行测试。对于已经过时的实验教学软件要及时进行清除，保障电脑的正常运行。

5.4.3　经济管理实验教学信息技术平台搭建

随着高校办学规模急剧扩大及学科之间的相互渗透，以校、院两级共管的实验室在其空间场地、仪器设备和人力资源配置及其管理力度上都暴露出种种问题，迫切需要建立经济管理实验教学信息平台，达到对实验室、实验设备及软件、实验课程资源、实验教学管理进行有效组织和管理，保障实验教学顺利开展和资源共享目的。经济管理信息平台是管理网络资源和数据交互的基层场所，信息平台系统是其主要核心，应该具备下列功能：传递信息、协作、路由程序开发。建立一个完善的适用于实验教学的网络信息平台并不是一件容易的事，它需要根据需求整体规划总体框架，对服务器部署功能角色，制定灵活的管理机制，并在此基础上利用或开发相应的教学软件，分析和评估其成本、整体性能及利用率，并要充分发挥其扩展性，使先进的信息技术与实验教学完美地结合，为学生和教师提供一种丰富多彩、方便灵活的交互式学习和教学环境。

（1）实验平台教学网络化管理系统

一是信息发布。包括实验教学计划、实验项目管理模块，完成实验教学计划的管理，实验项目的动态管理。

二是教学管理。建立课程设置、大纲浏览、课程浏览、考试（核）安排和实验室概况等。

三是实验创新模块。对学生进行创新性实验内容的管理。

四是选课模块。学生在完成必做实验时，进行实验项目的选择，模块完成学生选择所设立的实验项目和时间的管理。

五是实验辅助指导模块。对实验项目内容中的目的要求、仪器、原理等提供预习帮助，对学生做本实验项目应注意的事项及练习测试等给予指导。

六是实验测评模块。提交实验观测的结果，正确评测学生实验结果，根据学生实验结果中出现的问题，正确引导学生发现问题、解决问题和分析问题。

七是成绩管理模块。完成学生实验成绩的管理，提供教师登记、统计上报等功能。

（2）设备信息化管理系统

一是实验教学仪器设备（包括硬软件）信息记录模块。包括设备名称、资产编号、分类号、型号、规格、单价、说明书原件、组件附件、生产商家及出厂日期、编号和购入日期及其所在实验室、使用状况等，查询结果信息也可显示该设备用于哪个实验项目。

二是教学仪器设备维护模块。详细记录仪器设备损坏时间、损坏部件、维修时间、维修经费、维修部件、验收人等情况。

三是设备使用模块。详细记录各实验室仪器设备使用率及使用方法等情况。

（3）网络辅助教学管理系统

一是实验教学资源系统。包括实验教学计划、大纲、实验项目指导书、电子教材等，还包括多媒体实验教学课件，便于通过网络下载教学资源。

二是实验教学软件平台。经济管理实验教学软件平台主要是指将各种可通过网络发布共享的软件集中，设置使用用户和密码，学生与教师能够及时使用。

三是实验仪器及实验软件资料。主要包括各种软件的安装、使用说明、仪器的使用说明等。针对教学软件，提供软件的用户指南，参考文献和相关网站地址。

四是实验室网络化管理系统。实验室网络化管理的建设，有利于实验教学水平的提高，有利于实验室建设与发展的决策。要根据实际建设需求，建立实验室网络化管理系统。

（4）开放实验教学管理系统

一是开放实验选课系统。学生通过该系统能够及时了解选课的内容、实验项目，完成自主选课。

二是网络预约系统。学生能够通过网络预约，定时开放实验室，做到实验室的有效利用。

三是实验者身份认证系统。本校的学生凭借一卡通、外校学生凭借密码进出入实验室，保障了实验器材的安全性。

（5）实验室信息管理与发布系统

实验室信息管理与发布系统不仅提供实验室总体发展规划、分级规划与阶段性进展的动态信息，设备采购计划及实验室经费划块信息，实验室构成、分布，设备与资产情况信息，设备请求申购、审批及查询物资库存状况等信息，而且提供实验室主管部门及各实验室的信息发布功能。同时该模块还提供从实验申请、审批、执行到收费整个过程的管理。系统可打印实验申请表，实验室收到申请表后进行审核，在确认相应设备，同意实验后，由工作人员填报实验信息，系统将自动生成实验编号，并打印实验协议书交由实验申请人和实验室签署。在取得实验编号后，方可申请使用设备进行实验，系统将自动打印设备使用登记表，实验结束后，实验人员需填报实验情况及设备情况，系统可据此计算实验费用，统计设备利用情况。系统最后可自动打印实验清单及收费通知单。通过这一模块，规范实验室的实验安排和设备使用，有助于自动统计分析实验及设备利用情况。

5.5 经济管理实验教学质量监控保障

建立教学质量监控是教学管理的重要内容，是保障经济管理实验教学正常开展，提高实验教学质量的重要手段。教学质量监控体系应该涵盖经济管理实验教学的全过程。

5.5.1 实验教学质量监控体系构建意义

（1）有利于保证实验教学质量

建立科学的实验教学质量监控体系，有利于保证实验教学平台的正常运行，提高实验教学质量。一方面可推动经管专业实验教师间的相互学习和交流，有效地调动实验教师提高实验教学质量的积极性；另一方面也将使部分对教学质量漠不关心的教师感到压力，从而主动为实验教学质量的提升采取积极措施，由此推动实验教学质量的提高。

（2）有利于推进实验教学改革

实验教学是培养学生掌握科学实验方法与技能，提高科学素质、动手能力与创新能力的重要途径。建立合理、有效的实验教学质量监控体系，能科学地评价、控制实验教学的质量，提高实验教学水平，促进经管专业实验教学特色的形成和教学改革的深入与发展，深化经济管理实验教学改革。

（3）有利于提高大学生实践创新能力

建立科学的实验教学质量监控体系必然要求对实验教学理念、实验教学方法、实验教学手段以及实验课程考核方法等进行配套改革和建设，以从根本上发挥实验教学的根本目的，进而为提高大学生的实践创新能力提供一定保障。

（4）有利于促进实验教学管理的科学化

通过建立科学的经管类专业实验教学质量监控体系，可以及时、准确地掌握实验教学运行的基本情况和存在的问题，获得实验教学的具体信息。通过对信息的分析与研究，明确必须采取的相应措施，从而实现经管类专业实验教学管理的科学化。

5.5.2 实验教学质量监控体系构建原则

（1）目标性原则

目标性原则要求教学质量监控体系的构建必须紧紧围绕学校总体目标和教学质量目标，利用一切可用的监控与评价的技术和方法，系统地收集信息，并对各项实验教学工作给予价值上的判断，为提高实验教学质量服务。

（2）科学性原则

科学性原则要求实验教学质量监控体系的构建必须遵循高等教育和高等学校管理的客观规律，符合学校的客观基础和现实条件，符合社会发展的需要。科学性原则还要求学校在实施实验教学质量监控时要以实事求是的态度，系统、客观、真实、准确地反映教学工作情况，重视客观条件与主观能动性相结合，行为监控与心理监控相结合，定性评价与定量评价相结合，同时还要注意教师教学现实状态及其发展趋势。

（3）完整性与重要性相结合的原则

完整性原则要求教学质量监控体系要全面反映实验教学质量的要求，体现实验教学质量的全部要素。只有这样才能准确地反映总体目标的宗旨和要求，反映教学工作的客观实际，否则将引偏方向，出现偏差，给监控工作带来不必要的人为损失。重要性原则是指在对教学质量实施监控过程中不能事无巨细都一视同仁，而是要区分实验教学工作中的次要矛盾和主要矛盾，质量影响因素的初级要素和高级要素、一般要素和专业要素，分别加以不同的权重，突出专业要素和高级要素的重要性。

（4）导向性原则

导向性原则是从实验教学质量监控体系的功能出发而言的。教学质量监控体系中的质量标准、评价方案、评价指标等本身是一种规范，但这种规范本身就又具有导向作用。可以说，规范中有导向，导向过程中又形成新的规范。因此在建立质量标准和设计指标体系时要充分发挥监控体系的导向性功能，抓住不同时期或不同阶段实验教学中存在的教学质量共性问题，及时调整或增加相应内容。

（5）实用性原则

实用性原则有两层含义：一是监控方案要简单易行，便于操作；二是指标体系要紧密结合具体的评价对象和具体的评价内容的个性特点。比如，不同学科或专业类的实验课程，其思维方法可能不同。此外，不同的监控主体，例如督导员和学生，其认知结构、价值取向有明显差异，同样不应当使用同一个指标体系。由此可见，评价指标体系应当符合本校实际和体现经管类不同专业的特点。

（6）层次性原则

教学质量的层次性和影响因素的复杂性，决定了高校实验教学质量监控体系是一个复杂的、层次重叠的管理系统。层次性原则要求高校构建实验教学质量监控体系必须从实际出发，针对教师、学生的不同类型、不同层次和个体差异进行监控。

5.5.3　实验教学质量监控体系构建内容

（1）建立科学的实验教学管理系统

要保证实验教学质量，必须理顺实验教学管理的各方面关系，建立实验教学质量监控与评价工作机构。由学校教学管理部门或教学评估部门组织设立实验教学质量监控与评价领导小组、实验教学质量监控与评价专家组。实验教学质量监控与评价领导小组由学校相关领导、各学院分管实验教学院长、主要职能部门负责人、实验中心和院系负责人等组成。领导小组负责审定实验教学质量监控工作计划和实施方案，由指导、检查专家组和各系开展实验教学质量监控工作，研究解决实验教学质量监控实施过程中发现的重大问题，制定实验教学质量监控工作的奖惩办法。教学质量监控与评价专家组由具有丰富教学或管理经验、工作热心、乐于奉献、有高度责任感的教师组成。随时到实验室观察、听课，到实践基地检查实验教学工作，不定时发放实验教学评价表，召开学生座谈会，获得反馈信息，把发现的问题及时反馈至学校教学质量监控行政管理部门。

（2）建立实验教学质量监控制度

根据高校人才培养目标和专业培养要求，构建基本技能、专业技能、综合技能实验教学模块，制定相应的实验教学质量标准。制定一系列关于实验、实训等方面的教学管理文件，加强组织管理、计划管理、运行管理和档案管理。确定实验教学计划、实验教学大纲、实验教学指导书、实验报告、项目单卡、过程管理、成绩评定等环节质量标准，使得实验教学质量监控与评价有章可依。强化实验教学评价，根据实验教学质量评价表，由领导、专家、同行、学生等多方对教师的实验教学质量客观评价。

（3）建立实验教学质量评价指标和评价机制

教学质量评价系统是指各主要教学环节的评价方案的集合。保证和提高教学质量不可能单靠一种方法完成，它需要依靠各类教学质量评价方案构成整体上的综合效应。建立适合于学校自身发展的经管类实验教学质量评价标准，构建一个合理的、标准的、科学规范的体系，不仅有利于对经管类实验教学状况进行有效的评价，而且能及时发现问题及时解决，从而不断促进实验教学质量的提高。经管类实验教学评价系统要从实验课程本身出发，将实验教学态度、实验教学内容、实验教学方法、实验教学效果等作为评价指标，赋予一定的权重，根据每一项指标应具备的基本标准作为参考内容，形成整个实验教学质量评价系统的点面结合、相互促进、全面监控、整体优化的特点，体现实验教学质量监控体系的全面性和重点性相结合的原则，从而能够全面保证实验教学质量和人才培养质量。

（4）建立实验教学质量的反馈系统

实验教学过程情况检查，可采取日常督导、综合督导、专项督导、跟踪督导等多种形式，对实验教学过程实行全程督导监控，及时发现问题，解决实验教学的不足。建立学生信息员制度，由各专业认真负责的学生班干部组成。收集学生实验教学的反馈信息，及时向行政管理部门提供实验教学信息，院系定期召开学生信息员反馈会，全面了解各专业实验教学信息。实验教学结果的反馈，可通过毕业生职业技能大检验和社会对毕业大学生工作表现的反馈情况及学生就业反馈表，研究实验教学问题，提出解决问题方案。

第 6 章

重庆工商大学经济管理实验教学平台建设的实践探索

重庆工商大学经济管理实验教学中心（以下简称"中心"）成立于 2003 年，面向学校经济贸易学院、财政金融学院、统计学院、管理学院、会计学院、商务策划学院、旅游与国土资源学院、社会与公共管理学院、国际商学院 9 个经济管理类学院本科和研究生专业开展实验教学。2006 年 8 月，中心被评为"重庆市高校市级实验教学示范中心"；2007 年 11 月，中心被教育部、财政部确定为"国家级实验教学示范中心建设单位"。

6.1　经济管理实验教学平台创新与实践

在培养能够适应 21 世纪经济全球化需要，既具有开拓、创新和创业精神和竞争合作意识，又具有实际操作能力的高素质经济管理人才的过程中，普通本科高校经济管理实验教学具有不可替代的重要地位，实验教学已经成为培养学生实践能力的重要途径。然而，目前我国高校经济管理实验教学体系明显难以适应人才培养目标的需要，实验教学仍然依附于理论教学，实验教学的重要地位未能落到实处；实验教学体系呈现典型的封闭性和单一性，往往局限于第一课堂课程实验教学，开放实验教学流于形式，实验教学资源利用率低。实验教学与创新创业教育、科学研究、行业企业结合不紧密，实验教学改革和发展深度欠缺。全面认识经济管理类专业实验教学存在的问题，逐步完善经济管理类专业实验教学，将有利于培养更多的适应经济社会发展需要的实践创新型人才。

重庆工商大学经济管理实验教学中心发挥"国家级实验教学示范中心建设单位"、"重庆市高校市级实验教学示范中心"的辐射带动作用，积极探索经济管理实验教学改革，构建完善经济管理实验教学体系。该体系的建立大大增强了学生学习的兴趣，强化了学生创新创业能力，提升了学生综合素质，提高了人才培养质量，实现了创新型人才培养的目标。

6.1.1 创新理念，构建"1634"经济管理实验教学新体系

重庆工商大学经济管理实验教学中心以人才目标为导向，创新构建了经济管理实验教学体系，概括为"1634"，即：围绕一中心，坚持六结合，搭建三平台，做好四保障，见图6-1。

（1）围绕"一个中心"

即以培养学生实践能力和创新创业能力为中心，服务学生、依托学生、培养学生。坚持"以能力为本位，以学生为中心"的基本原则，确立了以培养学生能力发展的终极目标，把握了经管类实验教学改革的发展方向。

（2）坚持"六个结合"

包括：①理论实验结合：构建理论教学与实验教学并重、统筹协调的教学体系。实验教学和理论教学同属于学生能力培养的两种途径，相辅相成，协调发展。②模拟实战结合：实验

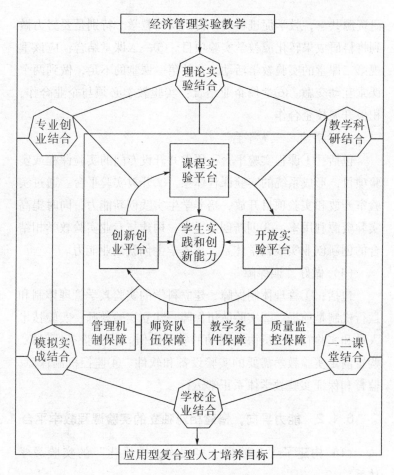

图 6 - 1　经济管理实验教学体系图

教学必须和真实项目相结合。实验内容要把企业行业真实的数据、案例纳入到课堂中来，通过实战教学让学生切身感受到企业业务流程，真正实现实验内容由模拟到仿真甚至全真的发展。③专业创业结合：专业实验教学必须和创业教育相结合，专业教育中融入创业意识的培养和创业知识的传授，创业教育中提升学生的专业技能。④教学科研结合：实验教学必须和科研资源共享，教学促进科研，科研反哺教学。特别是要努力做到将科研成果转化成教学实验项目。⑤一二课堂结合：应该重视第二课堂的实验教学活动，弥补第一课堂的不足，做到两个课堂互动交融。⑥学校企业结合：实验教学必须与企业合作，积极开展校企合作。

（3）搭建"三大平台"

包括：①课程实验平台：研发并开设专门的实验课程或实验项目，形成系统的实验课程体系。②开放实验平台：通过实验室开放和实验项目开放，培养学生实践创新能力，同时提高实验资源利用率。③创新创业平台：构建与专业实验教学相结合的创新创业实践教学体系，培养学生创新创业能力。

（4）做好"四保障"

包括：①管理体制保障，建立科学的实验教学管理体制和运行机制是前提。②实验队伍保障，建立实验教师、实验技术人员和实验管理人员协调互动的实验队伍。③实验条件保障，购置满足实验教学需要的实验设备和软件。④监控机制保障，监督和保证实验教学体系正常运行。

6.1.2 能力导向，搭建相对独立的实验课程教学平台

（1）构建了"分阶段、多层次、模块化"的实验教学体系

2007年，学校设立了以校长任主任的"经济管理实验教学指导委员会"，紧紧围绕"着力培育具有创新精神和实践能力的应用型复合型高素质专门人才"的培养目标，坚持实验教学与理论教学同样不可或缺的观点，详细论证了理论教学与实践教学设置的主线与构架，根据学生在不同学习阶段的知识结构和能力结构要求，按照分阶段、分层次、模块化的思路，构建与理论体系协调又相对独立的实验教学体系（见图6-2）。

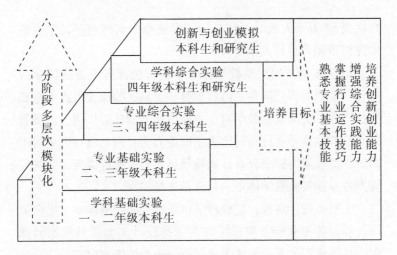

图 6-2　经济管理实验教学体系图

体系设计从学科基础实验入手，过渡到专业基础实验，再递进实现专业综合实验、学科综合实验直至进行创新与创业模拟。由浅入深、由易到难、由点及面，全面培养学生的实践能力和创新能力。分阶段、分层次的同时又充分考虑了与理论课程体系的协调和结合，创新创业模拟层次则充分考虑了实验教学与创业教育、第一课堂与第二课堂的结合。该体系充分保证了"以学生为本，以素质提高和能力培养为核心"的教学理念得以实现。按照实验教学体系设计，以 16 学时为 0.5 学分计算独立设置实验课程，2007 级经管类专业设置了 5 门学科基础实验课程，共 26 个实验项目；专业基础实验层次设立 81 门实验课程，共 476 个实验项目；专业综合实验层次设立 12 门实验课程，共 102 个实验项目；学科综合实验层次设立 4 门实验课程，共 30 个实验项目。使得独立的实验教学体系首次在经管类专业 2007 级人才培养方案得以实施，独立实验课程从之前的 20 余门一下增加到 2007 级的 102 门，实验项目数达 634 个，2010 级达到 134 门，全校经管类专业实验课程教学量最高达到 58 万余人机时，在全国同类院校中名列前茅，学生的实践创新能力得到大幅提升。

2007 年确立的实验教学体系中的实验课程主要依据学时设置，实验课程之间存在内容重叠和个别实验课程内容不饱和情况。为了突显实验教学对学生能力培养的核心作用，经济管理实验教学指导委员会讨论决定以能力为导向，通过人才需求调研，提炼能力标准，设计实验项目，整合实验课程，重构经管类各专业实验教学体系。具体做法是：

①明确设计流程：实验教学体系设计必须遵循能力导向原则，即以各专业能力需求标准为依据设计实验项目和实验课程。具体流程如下：人才需求调研──→提炼能力标准──→设计实验项目──→整合实验课程。

②制定实施要求：第一，做实专业人才及专业能力需求调研。重点调研社会对毕业生专业能力的需求。第二，构建专业能力体系。总结调研情况，构建专业能力标准体系，细分能力要素，形成具体能力指标。专业能力体系要充分体现前瞻性和可测性。第三，优化以能力为导向的实验项目体系。针对具体能力指标设计对应的实验项目（能力指标与实验项目之间可能是一对多、多对一或一对一的关系），明确实验项目目的、实验教学组织要求等。第四，完善分层次的实验课程体系。根据实验项目之间的逻辑关系，构建由多个实验项目构成的独立实验课程。根据以上流程和要求，负责实验的系主任牵头组织开展调研、论证和设计，学院教学指导委员会初审，经管实验教学指导委员会专家验收评审通过，最后形成了全新的实验教学体系，并落实到 2011 级人才培养方案中，再通过具体的每门课程建设，真正做到了实验教学以能力培养为核心。由分管实验教学的系主任组织实验教学体系重构，也从顶层设计上保证了理论教学与实验教学的有机结合。

（2）重点打造跨学科综合实训课程

学校 2007 年设计的分层次的实验教学体系的第四个层次——学科综合实验层次体现了多学科交叉渗透的高度综合、强应用性思想，并作为经济管理类本科学生毕业实习校内实训环节，培养学生团队协作意识和综合实践能力，全面提升学生综合素质。

为此，学校 2007 年创新地设置并立项建设了"宏观经济运行模拟"、"企业经营决策与管理综合实训"、"3S 与区域经济综合实训"、"SCM 模式下物流与商务综合实训" 4 门跨学科、跨专业的首批综合实训课程，2010 年新设置并建设了"创业综合模拟实训"、"投资理财模拟实训" 两门第二批综合实训课程。为保证实训课程的建设运行质量，中心牵头构建了由跨学院、跨学科的教师、行业企业专家、研究生助教构成的立体的高素质实训指导团队。每门课程由 5 ~ 6 名实训教师同时或分别参与指导，每个实训班配备 2 ~ 3 名研究生助教。

6 门跨学科综合实训课程经过课程组无数次研讨和中心组织的 10 余次课程建设阶段成果验收、建设运行研讨，每门课程都通过建设——运行——再建设——再运行的反复过程不断深入和完善，实训大纲、实训指导书、实训组织实施方案、实训考核办法等不断成熟，实训教材全部出版。同时，围绕实训课程开展了多项教学研究项目，发表了多篇教研论文。本校 9 个经管类学院所有经管类专业 2006 级、2007 级、2008 级近 5500 人先后分别在 2009 年、2010 年、2011 年进行了试运行和正式运行。实训效果问卷反馈结果反映实训得到广大同学的充分肯定。同学们普遍认为，通过实训，跨学科知识综合运用能力、综合分析能力得到提升，实践能力得到训练，团队精神得到培养，综合素质得到提高。综合实训课程的设置、团队的构建、实训平台的建设都充分体现了实验教学与科研、创业教育的结合和学校企业的结合。

（3）多途径推进实验课程内涵建设

①以质量工程项目为抓手推进实验课程建设

中心整合全校教师力量，打造校企结合、实践经验丰富的高素质经管实验教学团队，团队 2008 年被成功获批为"重庆市教学团队"，对实验课程建设和实验教学发挥了关键作用；通过重庆市和国家级经济管理实验教学示范中心的申报和建设，全面推进了实验教学体系、实验课程的建设；中心启动精品实验课程打造工作，"管理学实验"、"3S 与区域经济综合实训"获批首批校级精品实验课程，通过精品实验课培育和建设，深入推动了实验课程内涵建设。

②以要件建设为契机，全面推进课程规范建设

2010 年启动的新一轮实验教学要件建设，在构建以能力为导向的实验教学体系的同时，也推进了经管类所有实验课程和实验项目全面的规范建设。2011 年，27 个经管类专业所有实验课程完善或重新制定了实验教学大纲，编写了配套的实验指导书，编制了实验教学卡片；积极开展实验教材建设，2007年至今，共建设出版近 30 部系列实验教材。

③通过实验教学观摩、优秀实验课堂比赛等活动推进实验教学改革

2010 年、2011 年，中心先后分别组织实验教师、实验教学指导委员及实验教学相关人员开展了实验教学观摩和优秀实验课堂比赛。通过观摩和比赛，加强了实验教师交流，发掘了好的教学方法、教学手段，激发了教师的实验教学热情，提高了实验教学质量。

④改革与创新实验教学方法与手段

根据经济管理实验教学特点及人才培养的要求，中心确立以学生为主体，以教师为主导，以学生自主训练、自我探索为

主旨的实验教学模式，强调自主性、拓展性、互动性，激发学生的学习热情，提高实验效果。在实验教学过程中，针对存在的问题和不足，不断推进对实验教学方法与手段的改革和创新，充分利用信息技术、仿真技术构建实验教学环境，并实现实验教学方法与手段的多元化和现代化。

探索以学生为中心的实验教学方法。中心根据课程具体内容及学生实际需要，加强实验教学方法创新，形成了多元化、开放互动的教学方法。教学形式由单一课堂教学转化为多形式的互动交流。

一是采用仿真模拟教学，创设实验教学真实性。通过仿真模拟，构建实验内容所需的逼真环境，使学生在职业氛围中进行技能实训，激发学生学习兴趣。采用推演式模拟，模拟企业经营过程与具体决策程序导致的可能性；采用现场模拟，使用模拟设备，使参加实训的学生感受企业经营场景的完整运作过程。如"SCM 模式下物流与商务综合实训"，从供应链管理（SCM）思想出发，重点围绕供应链管理中物流与商务活动，通过任务引领，运用角色扮演等方式，多角色、全过程仿真模拟供应商、生产企业、商贸企业（电子商务公司、零售企业、国际贸易企业）和第三方物流企业的作业流程与管理决策，综合训练学生物流与商务经营管理意识与业务技能。

二是采用互动式教学，激发学生实验主动性。在"企业经营管理综合设计与实训"的实验教学中，让学生组成企业团队，进行企业经营决策对抗，每个学生通过角色扮演和互动，感受真实竞争环境下不同主体在经营决策中的博弈行为。如"国际贸易模拟实验"，通过实验小组中进出口商、供应商、银行、海关等扮演角色之间的互动，使学生既掌握整个进出口业务流程，又真实感受进出口业务活动中不同角色的定位与作用。

三是采用自主式教学，突显人才培养个性化要求。在实验教学过程中，为学生设计柔性的实验内容和实验要求，在完成基本实验项目后，不同学生可根据需要自主选择其他实验内容。通过开放式实验教学平台，让学生自主决定实验时间和地点，如"国际贸易模拟实验"包含了 20 个实验项目，部分流程训练项目和练习项目由学生课外自由选修；设置全新的"开放实验项目超市"，融入"经济管理实践与创新"课程，目前，"超市"包含了近 200 个实验项目，让学生自由选修，使个性化能力培养得以实现。

四是实施案例式教学，提升综合分析问题的能力。教师在教学、科研和服务企业的过程中，收集国内外企业经营管理实践中的素材，不断发掘企业经营管理实践中有代表性的典型问题，并对其进行分析提炼，形成企业经营管理各环节的案例，并把这些案例纳入实验教学中，逐步形成了我校个性化的案例教学库。例如，"数据分析与管理决策实验"课程中的 14 个实验项目，均由具体的案例构成，学生在实验过程中，通过对企业管理教学案例的分析讨论，培养了发现问题、分析问题、解决问题的能力。如将上市企业的历年财务数据作为案例，将数据分析结果结合行业状况、宏观经济背景，作为学生是否对该公司模拟股票投资的决策依据。

五是采用研究式教学，发掘学生自主探究潜能。研究式教学是由学生自己设计实验项目内容，并通过亲自实施项目来达到知识综合应用和能力培养的目的。如"证券投资模拟实验"，由学生自己设计股票投资计划，然后根据计划，研究市场行情，所投资股票的企业背景、业绩、发展趋势以及宏观环境等因素，确定买卖的价格与时机，最终根据结果评价业绩，同时自我评价其过程中的得失。如"GIS 与商业网点布局规划实验"，学生可根据某个城镇情况自己设计商业规划项目，然后根据规划系统所需的参数对目标城镇开展人口流量、地理要素等系列情况调查，获取数据，最后将数据输入系统，分析论证商业网点布局的合理性。这些实验项目源于实际，极大地调动了学生的积极性、主动性和创造性，充分体现学生的主体地位。

采用多样化的实验教学技术与手段。中心充分利用信息技术、仿真技术构建实验教学环境，实现实验教学手段的多样化、现代化。部分实验数据通过光纤或通讯卫星等媒介进行传输，保证实验数据实时性和真实性。利用网络技术和中心信息平台将实验资源和数据有效集成，使实验教学在空间和时间上得以延伸。通过多媒体演示、虚拟与仿真、真实现场、网络交互指导及根据实际需要所采用的上述基本实验方式的组合，提升了实验教学效率和效果。通过场景设计，再现经济管理各专业主要业务流程和环节，并通过实验教学软件实现业务的仿真模拟，为学生提供身临其境的实际操作环境，使学生熟悉并掌握相关业务的运作过程。

探索多元化、多层次的实验考核方式。结合课程特点与教学要求，根据过程评估与结果评估相结合的原则，以考核基本原理和基本技能为基础，以考核综合运用能力为重点，参照学生在实验教学过程中的学习态度，建立多元化实验教学考核体系，对实验教学进行全面考核。注重考评指标的科学化和规范化，以保证对学生实验成绩和教师教学效果检验的客观公正性。不同层次实验课程采取不同的考核指标。如基础性实验和综合性实验，主要由平时成绩、考试成绩构成，比例一般为6：4。创新与创业模拟课程则采取单独考核和记分，要求实验小组以现场展示、讲解、答辩的方法，由考核小组根据综合情况分优、良、中、及格、不及格五个等级确定最终成绩。针对不同实验组织形式，采用不同的考核方式。如对于采用分组形式进行的实验项目，将单个学生的考核与小组的考核相结合，教师考核与小组内部自我考核相结合，既有利于引入竞争机制，又有利于促进学生团队精神的培养。

6.1.3 资源共享，构建立体互动的经济管理实验开放平台

（1）全国首创"经济管理开放实验项目超市"

中心通过设置"经济管理实践与创新"实验通识课程，开创性地设立了"开放实验项目超市"。"超市"由众多动态、小而精的实验项目组成，每个项目3~8学时，包括创新实验项目和普通实验项目两大类。创新实验项目来源：一是教师纵向和横向科研课题转化（提炼）为项目，二是企事业单位委托项目，三是学生自主创新等其他项目。普通实验项目来源：一是新拟定的普通综合性、设计性开放项目，二是教学计划外项目，三是学生素质拓展性培训项目。每学期开学向校内外老师、企事业单位征集项目，经实验教学指导委员会审核，进入项目库。项目库对全校学生开放，学生自愿选择，累计15学时记1学分，累计30学时记2学分。2010年以来，申报开放项目250余项，审核批准150余项，其中来自校外人员以行业和案例形成的项目19个，占16%。学生累计选课18 000多人次，开设班级近250个。有2 000多人已获得开放实验学分。

"开放实验项目超市"现已形成四大特点：一是解决了开放实验学生学分和教师工作量计算难的问题，探索出开放实验新思路；二是面向全校学生开放，覆盖面广，深受学生欢迎；三是企事业单位的广泛参与；四是创新性开创了独具特色的综合性开放实验新模式。目前已在全校推广应用，全国兄弟院校也纷纷前来学习，普遍认为是一种"自主性、灵活性、创新性、开放性"的好模式。

（2）探索基于学生专业俱乐部的开放实验形式

中心秉承"依托学生、服务学生、培养学生"的基本理念，先后成立了"大学生 ERP 俱乐部"、"大学生投资理财俱乐部"、"大学生创新创业联盟"三大学生俱乐部，鼓励支持学生利用实验资源自主开展专业实验实践活动。目前，学生俱乐部会员达到 1800 余人。2010 年至今，学生俱乐部利用中心实验资源，自主进行实验 150 余次，举办学术沙龙 10 余次，组织学术报告 15 次。

（3）多层次学科竞赛助推开放实验

中心每年举办"重庆工商大学大学生管理决策模拟大赛"、"重庆工商大学大学生投资理财模拟大赛"和"重庆工商大学大学生创业模拟大赛"三大校级学科品牌竞赛活动；同时，积极组织参加省市和全国级学科比赛，搭建并营造良好、开放、互动的学科竞赛平台，促进学生知识和能力的全面提升，取得了丰硕的成果。2010—2011 年，参赛人员达 7032人，651 人获校级奖励，55 人获区域级奖励，12 人获国家级奖励。

（4）建立网络在线实验室和数据库

中心现有实验教学软件及数据库 51 套，全部集中在中心服务器上，对学生 24 小时开放。学生可以自行或通过适当的组织形式，在寝室或无线网络覆盖的校园在线实验和提交实验作业报告，大大提高了资源利用率和实验教学质量。

6.1.4　素质拓展，搭建多维一体的经济管理创新创业实训平台

（1）开设创新创业实验实训课程

学校要求每名学生在校期间应至少修读两学分的创业类选修课程，中心为此专门研发开设了"创新思维训练"、"创业

模拟实训"两门通识课程。同时，在现有实验课程（如"REP 沙盘模拟"、"企业经营决策与管理综合模拟"等）中融入创业教育的元素，将创业知识嵌入专业实验课程的教学内容之中，提高综合性、设计研究性实验项目的比重。在实验教学方法中重点强化学生创业的基本技能，通过分组决策对抗、撰写分析报告、PPT 汇报、小组答辩、按团队计分等形式，提高学生的创新精神和创业素质。

（2）建设经济管理创新创业实训基地

2011 年，中心利用中央财政支持地方高校专项资金建设完成"经济管理创新创业实训基地"，面积 1500 平方米，命名"学创园"。基地分为三个区：①创业培训区：设有创新实验室、创业模拟实验室、企业注册模拟实验室，通过软件模拟培训学生创业基本知识和技能。②创业实战区：成立学生创业实训公司，学生在公司开展真实项目训练。③创业服务区：设有创业图书室、创业茶吧、会议室和文印中心。

（3）成立经济管理类创业实训公司

支持我校经管类学院成立了重庆金桥社会调查中心、财务与会计服务中心等 15 家创业实训公司。作为专业实验室的一种创新形式，公司经营范围与学院相关专业一致，真正做到了专业实训和创业实践有机结合。

（4）搭建创业俱乐部等其他创新创业平台

中心成立了专门的"大学生创新创业联盟"，目前会员人数达到 400 余人。联盟除自主开展了创业大赛、创业论坛等多种形式的创新创业活动以外，还自主成立了奔腾电脑公司，接受中心委托，承包经营了创业茶吧和学创园文印中心。另外，中心定期出版学生专业刊物《经济管理创新论坛》（半年刊）。

（5）构建创新创业培训体系

一是面向全体学生开设旨在培养创新、创业意识、创业知识的创业类选修课程（专业选修课或通识课）。自2009级起，每名本科学生在校期间应至少修读两学分的创业类选修课程（专业选修课或通识课）。即每个学生可以通过修读创业类选修课程（专业选修课或通识课）获得至少两学分的创业教育学分。具体开设了"创业学导论"、"经济管理实践与创新"、"旅游创业案例分析"等课程。

二是开设创新创业教育实验班。采取理论教学和实验教学相结合的方式，理论教学方面积极探索案例教学法、讨论教学法、科研教学法等，充分利用网络辅助教学平台提高教学质量；实验教学方面坚持双导师全程指导学生模拟创业。

三是注重教学内容的改革与创新，加强创新精神与创业意识的培养。重视在专业课程中开发、挖掘、增加创业教育的内容，将创业理念和创业知识渗透、融化在专业课教学中；实务性较强的课程邀请具有丰富实战经验的企业家、工程师等进行讲授。

四是通过就业指导课加强对学生的创业意识引导，将创业意识、创业技巧等作为就业指导课的重要讲授内容。

五是举办各类创业培训活动，大力开展"创业大讲堂"、"创业论坛"、"成功校友进校园"等系列活动，邀请知名创业类专家、企业家走进我校与学生交流，营造校园创业氛围，对学生进行创业培训。

6.1.5 质量为本，构建经济管理实验教学保障体系

（1）改革实验教学管理体制

科学的管理体制和运行机制是保障实验教学运行的基本前提。学校设置了"经济管理实验教学指导委员会"，改革了经济管理实验教学管理体制，在经济管理实验教学中心下面设置了经济学、管理学、创新创业三个实验教学分中心，经管类学

院各系安排系主任或系副主任分管实验教学工作，同时兼任中心对应实验室主任。该体制将实验教学与理论教学统筹管理，避免了原来理论教学与实验教学"两张皮"的情况，运行情况良好。

（2）建立完善的实验教学管理制度

自 2007 年以来，中心在执行学校关于实验室各项规章制度的基础上，结合经济管理类实验教学的特点，制定了一系列切实可行的规章制度和管理办法，如《实验室运行管理办法》、《实验员岗位职责及考核办法》、《实验教学组织管理办法》、《实验教学课堂质量监控办法》、《开放实验项目管理办法》、《实验软件管理办法》、《中心工作规则》、《关于进一步规范实验教学管理的通知》、《关于经管类专业实验教学体系建设有关要求的通知》、《实验仪器设备技术维护实施管理办法》、《学创园文印中心管理办法》、《学生俱乐部管理办法》、《创业实训公司管理考核办法》等，内容涉及实验教学考核、实验人员岗位聘任及考核、实验室工作规程、实验室管理、实验教学和仪器设备管理等各环节，充分保障了实验教学的顺利运行。

（3）注重实验教学师资队伍建设

中心高度重视实验队伍建设，现有实验教学队伍已达 235 人，高级职称教师占 71.1%，硕士及以上学历达 85.3% 以上，引入行业精英、政府部门领导兼职实验教师 30%。2008 年，中心"经济管理实验教学团队"成功申报为重庆市市级教学团队，并从六个层面强化了实验队伍建设：

一是建立实验专家、理论专家和行业专家三位一体的专家委员会，指导日常实验教学。

二是建立实验与理论教学队伍、行业实践专家互通机制。

三是建立健全实验队伍激励机制。

四是建立健全实验队伍培训制度。

五是推进教学、科研、技术队伍兼容互动一体化发展。

六是建设双师结构实验教学队伍。

中心努力建立专职和兼职相结合，体现双师结构的实验教学队伍。鼓励校内实验教师取得行业或职业资格证书，要求老师到行业企业兼职锻炼，制定政策引进行业企业专家参与实验课程教学、开放实验指导或创新创业辅导。目前，中心兼职教师队伍已达50余人。实验教学师资队伍的建设，确保了全校实验教学质量的提高。

（4）改善提高实验教学条件

自2007年以来，中心通过校内自筹资金、中央与地方共建财政部专项、世行贷款等渠道获得建设资金，改善提高实验教学条件，使用面积达到5500平方米。本着"服务教学、服务学生"的基本理念，强化实验室建设和管理，改善提高实验教学条件。主要表现为：

一是逐批进行实验室设备的更新和升级。

二是建设完成了经济管理创新创业实训基地。

三是建设完成了经济管理博弈实验室。

四是购置了教学急需的数据库资源和实验设备（软件）。

五是全面推进和完成了实验教学中心文化建设工作。

六是强化实验资产管理，提高实验设备的完好率和利用率。

七是搭建实验教学及管理信息平台。中心积极开展实验教学信息系统建设，自主设计开发了实验信息管理系统和网站，依托并融入先进的数字化校园网，形成了硬件设备先进，且具一定规模、软件集成与共享、数据获取渠道广泛、实验内容相对丰富、网络管理高效的信息平台，从而为实验教学的顺利运行打下坚实的物质基础。

（5）优化经管实验教学质量监控机制

为加快实验课程建设步伐，强化实验教学管理，提高实验教学质量，中心从六个层面优化实验教学质量监控机制：

一是建立实验教学例会制度。例会通常由经管类学院分管实验的系主任、分管实验的教务办主任或教学秘书、经管实验教学中心全体人员参加。旨在及时传递学校及中心有关实验教学、实验室建设等信息，加强中心与学院的沟通与交流，推进经管实验教学工作再上台阶。

二是将教学质量划分为事前决策、事中控制、事后评估三个环节，即教学决策制定、教学过程控制和教学质量评估。

三是实施课前准备督促机制。在教务处的统一安排下，中心及时发布实验课表，并通知各学院做好实验教学软件安装、试用、准备实验教学基本材料。

四是实施巡查、听课机制。实行中心主任、教学管理办公室、分中心三级随机巡查与听课机制，对各实验室教学开展、教学过程状态、教学秩序、实验室设备及实验系统状态进行日常检查。

五是开展实验教学课堂质量问卷调查。对部分实验课程、综合实训课程及开放实验课程开展课堂质量问卷调查，确保实验教学问题的及时反馈。

六是完善实验教学考核机制。针对不同类别的实验教学采用上机考核、案例考核及实践考核等多种考核方式相结合的模式，提高实验教学质量。

七是开展实验教学课堂观摩，为经管实验示范课的建设打下了较好基础。

6.2　经济管理实验教学平台建设的实践效果

作为经济管理类实验教学改革的一种探索，重庆工商大学经济管理实验教学虽然还有一些需进一步改进和完善之处，但其成效已经明显地表现出来。主要体现在：

6.2.1　搭建教学平台，支撑经济管理类专业实验教学及学生专业实践活动

自 2007 年以来，中心通过实验室建设建立了三大教学平台：经济管理实验教学课程平台、经济管理开放实验教学平台、经济管理创新创业实验教学平台。三大教学平台的建立，有效地支撑了经管类实验教学，为学生提供了校内实践基地，提高了学生的实践能力。中心实验教学全年承担 9 个经管类学院 28 个本科专业和所有经管类研究专业共 3254 个教学班的实验课程 584 门，达 49 649 实验学时，实验达 221.1 万人时。其中，研发的六大综合实训课程已成功运行两届，受训学生 6000 余人。2010 年以来，累计 13 000 余人次学生选修了"开放实验超市项目"，开设班级 210 个，已有 2152 人获得开放实验学分，开放实验模式推广到我校其他实验教学中心。近三年累计 11 000 余人次参加中心组织的校级以上学科专业竞赛。成立的创业实训公司，涉及我校 9 个经管类学院学生参与，目前在岗位学生职员近 200 人。

6.2.2　激发学生兴趣和积极性，提高了学生的实践创新能力

经济管理实验教学既注重了学生的主体地位，又强调发挥

实验教师的主导作用，体现了教学过程中教与学的辩证统一关系。经济管理实验教学平台的建设，改变了学生以往的只在实验室上课的角色，而是让学生走出课堂参与到实践中来，获得知识的同时提高了实践能力。通过参加竞赛、科技项目、模拟公司等提高了自身的实践创新能力，激发了学生学习的兴趣。中心安排专门教师组织和辅导学生参加了全国大学生数学建模竞赛、"挑战杯"全国大学生创业计划竞赛、全国大学生管理决策大赛等比赛，出版了学生专业刊物《经济管理创新论坛》。其中，学生参加"全国大学生管理决策模拟大赛"共获得3个一等奖，3个二等奖，且连续三年均有两支队伍进入总决赛的优异成绩；学生参加"全国大学生创业大赛重庆赛区决赛"获得第一名的好成绩。通过校内实验教学和校外纵横向课题的共同驱动，大大提高了学生的实践和创新能力，对经济管理人才培养和综合素质提高起到更加重要的作用。

6.2.3 拓展了实验教学内容，提高了实验教学质量

由于学生的学习积极性和主动性提高，许多学生已经不满足于掌握基本的实验知识，而是结合实验教学内容广泛参加到社会实践中来。而经济管理实验教学平台的建设，使得教学内容不仅出现在实验室，而且更多地出现了实践中，通过实践丰富实验教学内容。同时，大大地提高了实验教学质量。依托实验教学成果，学校"区域经济学"课程被评为国家精品建设课程，"管理学"、"西方经济学"等13门被评为市级精品课程建设，""3S"与区域经济分析综合实训"、"管理学实验"等24门被评为校级精品课程。2006年，经济管理实验教学中心获得"重庆市实验教学示范中心"；2007年获得教育部、财政部"国家级实验教学示范中心建设单位"；2008年，中心"经济管理实验教学团队"成功申报为重庆市市级教学团队。

6.2.4 增强了教师责任感，促进教师教学科研水平的提高

经济管理实验教学平台的建设，对实验教师的业务素质和业务能力提出了更高的要求。教师只有加强自身学习，不断完善自己，才能适应教学要求。这既是一种压力，也是一种动力。在此驱动下，近年来，实验教师的教学科研水平不断提高，教学科研工作取得了丰硕的成果。自 2007 年以来，我校教师共发表经济管理实验教学改革论文 93 篇，主持经济管理实验教学改革相关省部级以上教改课题 10 余项，公开出版《宏观经济分析综合实训》等系列实验实训教材 30 余部，出版《经济管理实验教学探索与实践》、《探索创新创业教育深化实验教学改革》论文集 2 部，出版专著《经济管理实验教学平台建设研究》1 部。

6.2.5 凝聚了实验教学特色，示范幅射效果显著

教育部副部长杜玉波到中心检查指导工作时，充分肯定中心教学改革的特色；高等学校国家级实验教学示范中心联席会秘书长王兴邦在视察中心时给予了高度评价；重庆市教委副主任舒立春对重庆工商大学在实验室建设、实验队伍建设、实验教学体系建设等方面取得的显著成绩、在建立"开放实验项目超市"和构建创业实践教学体系等方面鲜明的特色，以及对重庆市其他高校经济管理实验教学起到的示范和辐射作用进行了充分肯定；国家级实验教学示范中心联席会经管学科组专家一致认为，学校"实验教学工作成效显著、特色鲜明，产生了很好的示范与辐射作用，取得的成果具有较大的推广应用价值"；教育部国家级实验教学示范中心联席会经管学科组组长朱孟楠教授留言："实验教学的典范，人才培养的摇篮"。

此外，辐射示范效应明显。自 2007 年以来，中心共接待来自东北财经大学、西南财经大学等全国 70 余所高校近 1100 人次参观考察；中心成功承办"2011 全国大学生管理决策模拟大赛总决赛暨全国经济管理实验教学研讨会"，成功发起并承办"重庆市 2011 年（首届）经济管理实验教学研讨会"。中心被确定为中国高等财经教育学会实践教学协作委员会副主任委员单位。中心教学改革成果被多所高校移植或借鉴使用，中心主任多次被邀在全国会议做主题发言。《中国教育报》2011 年 12 月 14 日以《实验教学为培养创新创业人才服务——重庆工商大学经济管理实验教学中心的实践探索》为题，全面介绍了中心创新实验教学体系的主要经验和做法。

6.3　经济管理实验教学平台建设的基本经验

6.3.1　学校高度重视与大力支持是前提

经济管理实验教学示范中心建设是一个系统工程，涉及不同学院的不同专业以及不同部门的资源设备，需要在宏观层面上系统安排和调配实验教学及相关教育资源，因此，学校层面的统筹协调非常关键。我校非常重视实验教学及实验室建设工作，在经济管理实验教学示范中心的建设过程中，在制度、人才、资金等多方面给予了大力支持，协助打破部门界限、学科壁垒，整合实验教学资源，这种重视和支持对中心的建设和发展起到了关键的推动作用。

6.3.2　科学的管理体制和开放的运行机制是保障

中心的高效运行需要科学的管理体制做保障，依据学校和学科特点，中心理顺管理体制，强调全面开放的运行模式。中心实行主任负责制，在实验教学指导委员会的指导下统一协调不同学院相关专业的实验教学工作，实现优质资源共享和实验教学的全面开放。通过将社会经济实践直接应用于实验课程教学，实现教学内容的开放；通过校内教师与校外业界精英的互动实现师资队伍的开放；通过弹性工作制和网络技术手段等实现教学场地和教学时间的开放；通过突破专业、学院界限等实现教学对象的开放；通过自主学习、赛教结合等实现教学形式的开放。中心全方位开放互动的实验教学模式成为促进我校实验教学水平不断提升和中心持续发展的重要推手。

6.3.3　高水平的实验队伍是基础

高水平的实验教师队伍是实验教学的基础保障，只有充分发挥实验教师的积极性，才能激发教师从事实验教学工作的主动性和创造性。通过引入竞争机制和合理的培养规划，中心拥有了一支层次、结构、数量科学合理，实验教学与理论教学互通，教学、科研、技术兼容，核心骨干稳定的实验教师队伍。除加强对本校实验教师的培养，中心还邀请行业专家走进课堂，直接参与实验教学建设和教学工作，使我校的实验教学工作在先进性、实践性、创新性等方面不断进步。

6.3.4　学生的主动性和创造性是核心

现代教学理念强调教学过程中"教"与"学"双方的充分互动。在实验教学中，更要充分发挥学生的主动性和创造性，才能培养学生的实践能力、创新精神和综合素质。在这一理念的引导下，中心在实验教学管理和建设中处处体现了以学生为主体的思想，如成立学生俱乐部、创业实训公司等学生组织，在实验课程中以"项目超市"的形式让学生自由选择，在课堂教学中强调情境式、参与式教学等。这些做法充分营造了有利于学生自主实验和个性化学习的实验环境，极大地激发了学生的学习热情，变学生"要我学"为"我要学"，全面提升了实验教学质量，推动中心实验教学平台建设迈上新台阶。

附录

高等学校实验室工作规程

（1992 年 6 月 27 日国家教育委员会令第 20 号发布）

第一章　总则

第一条　为了加强高等学校实验室的建设和管理，保障学校的教育质量和科学研究水平，提高办学效益，特制定本规程。

第二条　高等学校实验室（包括各种操作、训练室），是隶属学校或依托学校管理，从事实验教学或科学研究、生产试验、技术开发的教学或科研实体。

第三条　高等学校实验室，必须努力贯彻国家的教育方针，保证完成实验教学任务，不断提高实验教学水平；根据需要与可能，积极开展科学研究、生产试验和技术开发工作，为经济建设与社会发展服务。

第四条　实验室的建设，要从实际出发，统筹规划，合理设置。要做到建筑设施、仪器设备、技术队伍与科学管理协调发展，提高投资效益。

第二章　任务

第五条　根据学校教学计划承担实验教学任务。实验室完善实验指导书、实验教材教学资料，安排实验指导人员，保证完成实验教学任务。

第六条　努力提高实验教学质量。实验室应当吸收科学和教学的新成果，更新实验内容，改革教学方法，通过实验培养学生理论联系实际的学风，严谨的科学态度和分析问题、解决问题的能力。

第七条　根据承担的科研任务，积极开展科学实验工作。努力提高实验技术，完善技术条件和工作环境，以保障高效率、高水平地完成科学实验任务。

第八条　实验室在保证完成教学科研任务的前提下，积极开展社会服务和技术开发，开展学术、技术交流活动。

第九条　完成仪器设备的管理、维修、计量及标定工作，使仪器设备经常处于完好状态。开展实验装置的研究和自制工作。

第十条　严格执行实验室工作的各项规范，加强对工作人员的培训和管理。

第三章　建设

第十一条　高等学校实验室的设置，应当具备以下基本条件：

（一）有稳定的学科发展方向和饱满的实验教学或科研、技术开发等项任务；

（二）有符合实验技术工作要求的房舍、设施及环境；

（三）有足够数量、配套的仪器设备；

（四）有合格的实验室主任和一定数量的专职工作人员；

（五）有科学的工作规范和完善的管理制度。

第十二条　实验室建设、调整与撤销，必须经学校正式批准。依托在高等学校中的部门开放实验室、国家重点实验室的建设、调整与撤销，要经过的上级主管部门批准。

第十三条　实验室的建设与发展规划，要纳入学校及事业总体发展规划，要考虑环境、设施、仪器设备、人员结构、经费投入等综合配套因素，按照立项、论证、实施、监督、竣工、验收、效益考核等"项目管理"办法的程序，由学校或上级主管部门统一归口，全面规划。

第十四条　实验室的建设要按计划进行。其中，房舍、设施及大型设备要依据规划的方案纳入学校基本建设计划；一般仪器设备和运行、维修费要纳入学校财务计划；工作人员的配备与结构调整要纳入学校人事计划。

第十五条　实验室建设经费，要采取多渠道集资的办法。要从教育事业费、基建费、科研费、计划外收入、各种基金中划出一定比例用于实验室建设。凡利用实验室进行有偿服务的，都要将收入的一部分用于实验室建设。

第十六条　有条件的高等学校要积极申请筹建开放型的国家重点实验室、重点学科实验室或工程研究中心等实验室，以适应高科技发展和高层次人才培养的需要。

第十七条　高等学校应通过校际间联合，共同筹建专业实验室或中心实验室。也可以同厂企业、科研单位联合，或引进外资，利用国外先进技术设备，建立对外开放的实验室。

第十八条　凡具备法人条件的高等学校实验室，经有关部门的批准，可取得法人资格。

第四章　体制

第十九条　高等学校实验室工作，由国家教育委员会归口管理。省、自治区、直辖市、国务院有关部委的教育主管部门负责本地区或本系统高等学校实验室工作。

第二十条　高等学校应有一名（院）长主管全校实验室工作并建立或确定主管实验室工作的行政机构（处、科）。该机构的主要职责是：

（一）贯彻执行国家有关的方针、政策和法令，结合实验室工作的实际，拟定本规程的实施办法；

（二）检查督促各实验室完成各项工作任务；

（三）组织制定和实施实验室建设规划和年度计划，归口拟定并审查仪器设备配备方案，负责分配实验室建设的仪器设备运行经费，并进行投资效益评估；

（四）完善实验室管理制度。包括：实验教学、科研、社会服务情况的审核评估制度；实验室工作人员的任用、管理制度；实验室在用物资的管理制度；经费使用制度等；

（五）主管实验室仪器设备、材料等物资，提高其使用效益；

（六）主管实验室队伍建设。与人事部门一起做好实验室人员定编、岗位培训、考核、奖惩、晋级职务评聘工作。

规模较大的高校，系一级也可设立相应的实验室管理岗位或机构。

第二十一条　高等学校实验室逐步实行以校、系管理为主的二级管理。规模较大、师资与技术力量较强的高校、也可实行校、系、教研室三级管理。

第二十二条　实验室实行主任负责制。高等学校实验室主任负责实验室的全面工作。

第二十三条　高等学校可根据需要设立实验室工作委员会，由主管校长、有关部门行政负责人和学术、技术、管理等方面的专家组成。对实验室建设、高档仪器设备布局科学管理、人员培训等重大问题进行研究、咨询，提出建议。

第五章　管理

第二十四条　实验室要做好工作环境管理和劳动保护工作。要针对高温、低温、辐射、病菌、毒性、激光、粉尘、超净等对人体有害的环境，切实加强实验室环境的监督和劳动保护工作。凡经技术安全的环境保护部门检查认定不合格的实验室，要停止使用，限期进行技术改造，落实管理工作。待重新通过检查合格后，才能投入使用。

第二十五条　实验室要严格遵守国务院颁发的《化学危险品安全管理条例》及《中华人民共和国保守国家秘密法》等有关安全保密的法规制度，定期检查防火、防爆、防盗、防事故等方面安全措施的落实情况。要经常对师生开展安全保密教育，切实保障人身和财产安全。

第二十六条　实验室要严格遵守国家环境保护工作的有关规定，不随意排放废气、废水、废物、不得污染环境。

第二十七条　实验室仪器设备的材料、低值易耗品等物资的管理，按照《高等学校仪器设备管理办法》、《高等学校材料、低值易耗品管理办法》、《高等学校物资工作的若干规定》等有关法规、规章执行。

第二十八条　实验室所需要的实验动物，要按照国家科委发布的《实验动物管理条例》，以及各地实验动物管理委员会的具体规定，进行饲育、管理、检疫和使用。

第二十九条　计量认证工作先按高校隶属关系由上级主管部门组织对实验室验收合格后部委所属院校的实验室，由国家教委与国家技术监督局组织进行计量认证；地方院校的实验室，由各地省政府高校主管部门与计量行政部门负责计量认证。

第三十条　实验室要建立和健全岗位责任制。要定期对实验室工作人员的工作量和水平考核。

第三十一条　实验室要实行科学管理，完善各项管理规章制度。要采用计算机等现代化手段，对实验室的工作、人员、物资、经费、环境状态信息进行记录、统计和分析，及时为学校或上级主管部门提供实验室情况的准确数据。

第三十二条　要逐步建立高等学校实验室的评估制度。高等学校的各主管部门，可以按照实验室基本条件、实验室管理水平、实验室效益、实验室特色等方面的要求制定评估指标体系细则，对高等学校的实验室开展评估工作。评估结果作为确定各高等学校办学条件和水平的重要因素。

第六章　人员

第三十三条　实验室主任要由具有较高的思想政党觉悟，有一定的专业理论修养，有实验教学或科研工作经验，组织管理能力较强的相应专业的讲师（或工程师）以上人员担任。学校系一级以及基础课的实验室，要由相应专业的副教授（或高级工程师）以上的人员担任。

第三十四条　高等学校的实验室主任、副主任均由学校聘任或任命；国家、部门或地区的实验室、实验中心的主任，副主任，由上级主管部门聘任或任命。

第三十五条　实验室主任的主要职责是：

（一）负责编制实验室建设规划和计划，并组织实施和检查执行情况；

（二）领导并组织完成本地规程第二章规定的实验室工作

任务；

（三）搞好实验室的科学管理，贯彻、实施有关规章制度；

（四）领导本室各类人员的工作，制定岗位责任制，负责对本室专职工作人员的培训及考核；

（五）负责本室精神文明建设，抓好工作人员和学生思想政治教育；

（六）定期检查、总结实验室工作，开展评比活动等。

第三十六条　高等学校实验室工作人员包括：从事实验室工作的教师、研究人员、工程技术人员、实验技术人员、管理人员和工人。各类人员要有明确的职责分工。要各司其职，同时要做到团结协作，积极完成各项任务。

第三十七条　实验室工程技术人员与实验技术人员的编制，要参照在校学生数，不同类型学校实验教学、科研工作量及实验室仪器设备状况，合理折算后确定。有条件的学校可以进行流动编制。

第三十八条　对于在实验室中从事有害健康工种的工作人员，可参照国家教委（1988）教备局字008号文件《高等学校从事有害健康工种人员营养保健等级和标准的暂行规定》，在严格考勤记录制度的基础上享受保健待遇。

第三十九条　实验室工作人员的岗位职责，由实验室主任根据学校的工作目标，按照国家对不同专业技术干部和工作职责的有关条例定及实施细则具体确定。

第四十条　实验室各类人员的职务聘任、级别晋升工作。根据实验室的工作特点和本人的工作实绩，按照国家和学校的有关规定执行。

第四十一条　高等学校要定期开展实验室工作的检查、评比活动。对成绩显著的集体和个人要进行表彰和鼓励，对违章失职或因工作不负责任造成损失者，提行批评教育或行政处分，直至追究法律责任。

第七章　附则

第四十二条　各高等学校要根据本规程，结合本校实际情况，制定各项具体实施办法。

第四十三条　本规程自发布之日起执行。教育部一九八三年十二月十五日印发的《高等学校实验室工作暂行条例》即行失效。

高等学校重点实验室建设与管理暂行办法

（教技〔2003〕2号）

第一章　总则

第一条　为规范和加强高等学校国家重点实验室和教育部重点实验室（以下简称重点实验室）的建设和运行管理，根据国家重点实验室建设与管理暂行办法，特制定本办法。

第二条　重点实验室是国家科技创新体系的重要组成部分，是国家组织高水平基础研究和应用基础研究、聚集和培养优秀科学家、开展学术交流的重要基地。

第三条　重点实验室的任务是根据国家科技发展方针，面向国际科技前沿和我国现代化建设，围绕国民经济、社会发展及国家安全面临的重大科技问题，开展创新性研究，培养创新性人才。其目标是获取原始创新成果和自主知识产权。

第四条　重点实验室是依托高等学校具有相对独立性的科研实体，依托高等学校要赋予实验室相对独立的人事权和财务权，为独立的预算单位，在资源分配上，计划单列，与院、系平行。

第五条　重点实验室是学科建设的重点，依托高等学校应将其列入重点建设和发展的范畴。

第六条　重点实验室实行"开放、流动、联合、竞争"的运行机制。

第七条　重点实验室要接受定期评估，优胜劣汰，动态发展。

第二章　管理职责

第八条　教育部是重点实验室的行政主管部门，主要职责是：

（一）贯彻国家有关重点实验室建设和管理的方针、政策和规章，支持重点实验室的建设和发展。

（二）指导重点实验室的运行和管理，组织实施重点实验室建设。

（三）编制教育部重点实验室发展规划。制定相关的政策和规章。

（四）审批教育部重点实验室立项、重组、合并、降级和撤销。

（五）聘任重点实验室主任和学术委员会主任。

（六）组织对教育部重点实验室的验收和评估。

（七）拨发、配套有关经费。

第九条　各省、自治区、直辖市教育行政部门对地方所属高等学校重点实验室的主要职责是：

（一）制定地方高等学校重点实验室的发展规划。

（二）组织地方高等学校申请重点实验室立项，组织实施重点实验室建设，并指导运行和管理组织编报建设申请书、计划任务书和验收报告。

（三）审核重点实验室主任和学术委员会主任。

（四）监督项目建设和重点实验室的运行。

（五）落实项目建设和重点实验室运行的配套经费。

第十条　高等学校是重点实验室建设的依托单位，负责项目的具体实施和重点实验室的直接管理，主要职责是：

（一）成立党委书记或校长负责的，科技、人事、财务、国有资产、研究生院（部）、211办（学科建设办）等部门参加的重点实验室建设管理委员会，协调解决重点实验室发展中的重大问题。

（二）提供开放运行经费，设立重点实验室主任基金，以及提供其他配套条件和后勤保障。

（三）将重点实验室建设列入学科建设计划，支持相关学科优秀人才在实验室和院系（所）间的流动。

（四）负责遴选、推荐重点实验室主任及学术委员会主任候选人，聘任重点实验室副主任、学术委员会副主任和学术委员会委员。

（五）对重点实验室进行年度考核，组织做好重点实验室验收与评估的相关工作。

（六）根据学术委员会建议，提出重点实验室研究方向和目标等重大调整意见报教育部。

（七）根据本办法，制定本校重点实验室建设与管理实施细则。

第三章　立项与建设

第十一条　重点实验室的立项与建设管理主要包括立项申请、评审、计划实施、验收、调整等。

第十二条　重点实验室立项申请的基本条件：

（一）研究方向和目标明确。所从事的研究工作在本学科领域属国内一流水平，具有明显特色。具备承担国家重大科研任务或工程项目，进行跨学科综合研究和培养高层次人才的能力，能够广泛开展国际学术交流与合作。

（二）在所从事的研究领域内有国内外知名的学术带头人和团结协作、管理能力强的领导班子；有一支学术水平高、年龄与知识结构合理、敢于创新的优秀研究群体；有良好的科研传统和学术氛围。

（三）具有一定面积的研究场所和一定规模的研究实验手段（实验室面积不低于 3000 平方米，并相对集中；比较先进的仪器设备原值不低于 2000 万元，部分纯基础学科除外）。有稳定的管理、技术人员队伍与比较健全的管理制度。

（四）依托单位应保证实验室运行经费（每年不低于 50 万元），并提供必要的技术支撑、后勤保障和国内外合作与交流的条件。

（五）一般应为重点学科，并符合重点实验室发展的总体布局。

（六）国家重点实验室立项时，一般应当是已运行并对外开放 2 年以上的部门或地方重点实验室；地方高等学校申请教育部重点实验室立项时，一般应当是已运行并对外开放 2 年以上的地方重点实验室。

已建成的重点实验室也要按照上述条件进行建设和发展。

第十三条　符合重点实验室立项申请基本条件的高等学校，可根据有关要求，按规定的格式填写《国家重点实验室建设项目申请书》或《教育部重点实验室建设项目申请书》，依托单位对重点实验室建设项目申请书审核，确保申请书内容的真实性，签署配套经费及条件保障支持等意见后，以依托单位名义向教育部行文请示。

地方高等学校的立项申请需由地方教育行政部门向教育部行文请示。

第十四条　教育部组织专家对高等学校提交的《国家重点实验室建设项目申请书》进行论证、签署意见后报送科技部。通过科技部组织的专家评审后，由依托单位填写《国家重点实验室建设项目计划任务书》，由依托单位按正式公文的形式报教育部。教育部审核、签署意见后，报科技部批准立项建设。

　　《教育部重点实验室建设项目申请书》通过教育部组织的专家评审后，由依托单位填写《教育部重点实验室建设项目计划任务书》，由依托单位按正式公文的形式报教育部，教育部签署意见后，批准立项建设。

　　地方高等学校的立项申请需经地方教育行政部门审定后，报教育部批准立项。

　　《国家重点实验室建设项目计划任务书》或《教育部重点实验室建设项目计划任务书》作为建设项目实施的基本文件和购置设备、验收的主要依据。

　　第十五条　凡通过科技部或教育部审定的重点实验室建设项目，有关高等学校应根据《国家重点实验室建设项目计划任务书》或《教育部重点实验室建设项目计划任务书》的要求安排建设、配套资金以及必要的运行费用。重点实验室建设项目应列入依托单位重点学科建设和发展计划。

　　第十六条　重点实验室的建设经费，主要用于购置具有国际先进水平的仪器、设备、软件等。大型仪器、设备、装置以及基本建设应采用招投标方式进行。重点实验室用房及水、电、气等配套条件，要尽量利用现有设施调剂解决。必须新建或扩建的，应纳入教育部下达给各依托单位的预算内基本建设计划，提前或同步进行安排。

　　第十七条　项目建设期间，项目负责人根据计划任务书组织建设。以书面形式每6个月向教育部汇报工作进展，以作为评价建设项目、拨付年度计划建设经费、运行经费和验收的依据。依托单位必须保证建设期限内建设项目负责人、研究骨干和技术、管理人员的相对稳定。对连续半年不在岗的项目负责人，依托单位应及时调整并书面报告教育部。

　　第十八条　重点实验室在建设期间应充分考虑网络建设、管理体系建设以及对外开放平台建设，鼓励利用现代信息技术，探索有利于科技创新的新型科研组织形式。

第十九条　重点实验室建设坚持"边建设、边研究、边开放"的原则。建设期间，重点实验室必须设立学术委员会，经依托单位批准后，报教育部备案。研究方向、任务与目标或建设内容与计划任务书有较大变化的，依托单位须报教育部再行审批。

第二十条　重点实验室建设期限一般不超过 2 年。建成后，依托单位向教育部报送《国家重点实验室建设项目验收申请书》或《教育部重点实验室建设项目验收申请书》，申请验收。

地方高等学校申请验收的需经地方教育行政部门审定后，报教育部申请验收。

第二十一条　教育部根据验收申请书，对仪器、设备、队伍建设情况、建设经费使用情况及依托单位的配套及支撑条件落实情况等进行检查，确定是否同意对重点实验室建设项目进行验收。

第二十二条　教育部组织验收专家组对教育部重点实验室进行验收（国家重点实验室由科技部组织验收专家组进行验收）。验收专家组一般由 7~9 人组成，包括学术专家和管理专家，其中管理专家不超过 2 人。重点实验室验收实行回避制度，依托单位人员与聘任的实验室学术委员会委员均不能作为验收专家组成员。

第二十三条　验收专家组按重点实验室建设项目计划任务书以及验收申请书，听取实验室建设总结报告，进行实地考察，对实验室的研究方向、目标、水平、可持续发展、实验条件、科研及人才培养能力、建设经费使用和仪器配备以及学术委员会组成、开放运行和管理等方面进行综合评议，形成验收专家组意见。

第二十四条　在确认落实解决验收中提出的各项问题后，教育部发文批准重点实验室挂牌（国家重点实验室需由科技部批准），正式开放运行，同时聘任重点实验室主任和学术委员会主任。

第二十五条　教育部积极争取有效的经费渠道支持重点实验室设备更新。确需更新设备的由重点实验室填报《国家重点实验室设备更新申请书》或《教育部重点实验室设备更新申请书》，由依托单位按正式公文报送教育部。必要时主管部门有权调配由国家装备的大型科研仪器设备。

第二十六条　重点实验室仪器设备更新应纳入依托单位的重点建设范畴。

第二十七条　重点实验室仪器设备更新计划完成后，教育部组织验收专家组，对完成情况进行验收。

第二十八条　根据国民经济和学科发展的需要以及重点实验室运行状况，教育部可调整重点实验室的布局、研究方向及组成，并对重点实验室进行重组、整合、撤销等。国家重点实验室的调整、重组等工作由科技部负责进行。

第二十九条　确因学科发展需对重点实验室更名，或变更主要研究方向，或对联合实验室进行调整、重组，须由实验室主任提出书面报告，经学术委员会或组织相关学科的专家进行论证，提出论证报告，由依托单位以正式公文报教育部。

第四章　运行与管理

第三十条　重点实验室实行依托单位领导下的主任负责制。

第三十一条　重点实验室主任负责实验室的全面工作。重点实验室必须设立一名专职副主任，负责实验室的日常管理。

第三十二条　重点实验室主任由依托单位推荐，教育部聘任。重点实验室主任的任职条件是：（1）本领域国内外知名的学术带头人。（2）具有较强的组织协调能力和凝聚力。（3）具有较强的管理能力和水平。（4）身体健康，年龄一般不超过60岁，原则上任期为5年，一般每年在实验室工作时间不少于8个月。

第三十三条　重点实验室主任采取"2＋3"模式管理，即受聘的实验室主任工作2年后，教育部会同依托单位对实验室主任的工作和实验室的运行状况进行届中考核，考核通过后，继续聘任3年，否则予以解聘。

第三十四条　学术委员会是重点实验室的学术指导机构，主要任务是审议实验室的目标、任务和研究方向，审议实验室的重大学术活动、年度工作，审批开放研究课题。学术委员会会议每年至少召开一次。重点实验室主任要在会议上向学术委员会委员作实验室工作报告。

第三十五条　学术委员会由国内外优秀专家组成，人数不超过15人，其中依托单位的学术委员不超过总人数的三分之一，中青年学术委员不少于三分之一。

学术委员会主任由教育部聘任。学术委员会主任的任职条件是：（1）学术造诣高，在一线工作的国内外知名专家。（2）年龄不超过70岁。

学术委员会委员由依托单位聘任，报教育部备案。学术委员会委员的年龄不超过70岁，任期为5年。每次换届更换的人数不少于三分之一。

第三十六条　重点实验室必须设立专职秘书，协助做好实验室的日常管理工作。

第三十七条　重点实验室实行课题制管理和试行下聘一级的人事制度。重点实验室研究队伍由固定人员和流动人员组成，固定人员规模一般不少于50人，由实验室主任根据需要进行聘任。重点实验室应按需设岗，按岗聘任，重视高层次人才引进。要积极聘请承担国家重大科研项目的人员进入重点实验室工作。

第三十八条　重点实验室要根据研究方向设置开放基金和开放课题，吸引国内外优秀科技人才，加大开放力度，积极开展国际国内合作与学术交流。依托单位要提供配套条件和基金，逐步扩大开放研究和流动人员的比例。

第三十九条　重点实验室应开展多种形式的国内外学术交流与合作研究，鼓励国内外企业、政府、个人以不同形式向实验室捐赠仪器设备、设立访问学者基金、研究生奖学金。

第四十条　重点实验室主任基金由实验室主任管理，主要用于支持具有创新思想的课题、新研究方向的启动和优秀年轻人才的培养。在符合国家有关政策的前提下，可用于岗位补贴、绩效奖励等。

重点实验室主任基金在运行经费中列支。

第四十一条　重点实验室应加强知识产权保护。固定人员与流动人员在重点实验室完成的研究成果包括专著、论文、软件、数据库等均应署本重点实验室名称，专利申请、技术成果转让按国家有关规定办理。在国外学习、进修、从事客座研究的重点实验室固定人员，凡涉及实验室工作、成果的，在论文、专著等发表时，也均应署本重点实验室名称。申报奖励按国家有关规定办理。

第四十二条　重点实验室应重视和加强管理工作，仪器设备要相对集中，统一管理，凡符合开放条件的仪器设备都要对外开放。要建立和完善规章制度，加强对仪器设备和计算机网络的建设与管理，重视学风建设和科学道德建设，加强数据、资料、成果的科学性和真实性审核以及保存工作，并确保统计数据的真实性。

第四十三条　加强重点实验室信息化工作。实验室必须建立内部信息管理系统，有独立的网站或网页，并保持运行良好。

第四十四条　重点实验室是学术机构，不允许以其名义，从事或参加以盈利为目的的商业活动。

第五章　考核与评估

第四十五条　依托单位应当每年对重点实验室工作进行年度考核，考核结果报教育部备案。

第四十六条　重点实验室必须编制年度报告，于每年1月30日前将上一年的《国家重点实验室工作年报》或《教育部重点实验室工作年报》报送教育部。

第四十七条　在年度考核的基础上，科技部或教育部组织重点实验室周期评估，评估工作委托中介机构按不同领域，本着"公开、公平、公正"和坚持"依靠专家、发扬民主、实事求是、公正合理"的原则进行。执行《国家重点实验室评估规则》、《教育部重点实验室评估规则》。

第四十八条　按照优胜劣汰的规则，对被评估为优秀的教育部或地方重点实验室，符合重点实验室总体规划的，可申请升级为国家或教育部重点实验室。对评估不达标、不符合学科发展要求的国家或教育部重点实验室，要予以降级或淘汰。

第六章　附则

第四十九条　国家重点实验室统一命名为"××国家重点实验室（依托单位）"，英文名称为"State Key Laboratory of ××（依托单位）"。如：摩擦学国家重点实验室（清华大学），State Key Laboratory of Tribology（Tsinghua University）。

第五十条　教育部重点实验室统一命名为"××教育部

重点实验室（依托单位）"，英文名称为 Key Laboratory of × ×（依托单位），Ministry of Education。如：神经科学教育部重点实验室（北京大学），Key Laboratory of Neuroscience（Peking University），Ministry of Education。

第五十一条　重点实验室标牌和印章的制作标准另行发布。

第五十二条　重点实验室经费管理办法另行发布。

第五十三条　依托高等学校建设的其他部门（行业、地方）重点实验室是高等学校科技创新的重要组成部分，其管理办法可参照本办法自行制定。

第五十四条　本办法自公布之日起施行，原《高等学校开放实验室管理办法》同时废止。

教育部关于开展高等学校实验教学
示范中心建设和评审工作的通知

（教高 ［2005］8 号）

各省、自治区、直辖市教育厅（教委），部属各高等学校：

为贯彻落实国务院批转教育部《2003—2007 年教育振兴行动计划》和教育部第二次普通高等学校本科教学工作会议的精神，推动高等学校加强学生实践能力和创新能力的培养，加快实验教学改革和实验室建设，促进优质资源整合和共享，提升办学水平和教育质量，我部决定在高等学校实验教学中心建设的基础上，评审建立一批国家级实验教学示范中心，现就有关事项通知如下：

一、建设目标

实验教学示范中心的建设目标是：树立以学生为本，知识传授、能力培养、素质提高协调发展的教育理念和以能力培养为核心的实验教学观念，建立有利于培养学生实践能力和创新能力的实验教学体系，建设满足现代实验教学需要的高素质实验教学队伍，建设仪器设备先进、资源共享、开放服务的实验教学环境，建立现代化的高效运行的管理机制，全面提高实验教学水平。为高等学校实验教学提供示范经验，带动高等学校实验室的建设和发展。

国家级实验教学示范中心采取学校自行建设、自主申请，省级教育行政部门选优推荐，教育部组织专家评审的方式产生。从 2005 年至 2007 年，分批建立 100 个左右国家级实验教学示范中心。各省、自治区、直辖市应建立省级实验教学示范中心，形成国家级、省级两级实验教学示范体系。

二、建设内容

实验教学示范中心应以培养学生实践能力、创新能力和提高教学质量为宗旨，以实验教学改革为核心，以实验资源开放共享为基础，以高素质实验教学队伍和完备的实验条件为保障，创新管理机制，全面提高实验教学水平和实验室使用效益。

国家级实验教学示范中心主要应具有：

1. 先进的教育理念和实验教学观念

学校教育理念和教学指导思想先进，坚持传授知识、培养能力、提高素质协调发展，注重对学生探索精神、科学思维、实践能力、创新能力的培养。重视实验教学，从根本上改变实验教学依附于理论教学的传统观念，充分认识并落实实验教学在学校人才培养和教学工作中的地位，形成理论教学与实验教学统筹协调的理念和氛围。

2. 先进的实验教学体系、内容和方法

从人才培养体系整体出发，建立以能力培养为主线，分层次、多模块、相互衔接的科学系统的实验教学体系，与理论教学既有机结合又相对独立。实验教学内容与科研、工程、社会应用实践密切联系，形成良性互动，实现基础与前沿、经典与现代的有机结合。引入、集成信息技术等现代技术，改造传统的实验教学内容和实验技术方法，加强综合性、设计性、创新性实验。建立新型的适应学生能力培养、鼓励探索的多元实验考核方法和实验教学模式，推进学生自主学习、合作学习、研究性学习。

3. 先进的实验教学队伍建设模式和组织结构

学校重视实验教学队伍建设，制定相应的政策，采取有效的措施，鼓励高水平教师投入实验教学工作。建设实验教学与理论教学队伍互通，教学、科研、技术兼容，核心骨干相对稳定，结构合理的实验教学团队。建立实验教学队伍知识、技术不断更新的科学有效的培养培训制度。形成一支由学术带头人或高水平教授负责，热爱实验教学，教育理念先进，学术水平高，教学科研能力强，实践经验丰富，熟悉实验技术，勇于创新的实验教学队伍。

4. 先进的仪器设备配置思路和安全环境配置条件

仪器设备配置具有一定的前瞻性，品质精良，组合优化，数量充足，满足综合性、设计性、创新性等现代实验教学的要求。实验室环境、安全、环保符合国家规范，设计人性化，具备信息化、网络化、智能化条件，运行维护保障措施得力，适应开放管理和学生自主学习的需要。

5. 先进的实验室建设模式和管理体制

依据学校和学科的特点，整合分散建设、分散管理的实验室和实验教学资源，建设面向多学科、多专业的实验教学中心。理顺实验教学中心的管理体制，实行中心主任负责制，统筹安排、调配、使用实验教学资源和相关教育资源，实现优质资源共享。

6. 先进的运行机制和管理方式

建立网络化的实验教学和实验室管理信息平台，实现网上辅助教学和网络化、智能化管理。建立有利于激励学生学习和提高学生能力的有效管理机制，创造学生自主实验、个性化学习的实验环境。建立实验教学的科学评价机制，引导教师积极改革创新。建立实验教学开放运行的政策、经费、人事等保障机制，完善实验教学质量保证体系。

7. 显著的实验教学效果

实验教学效果显著，成果丰富，受益面广，具有示范辐射效应。学生实验兴趣浓厚，积极主动，自主学习能力、实践能力、创新能力明显提高，实验创新成果丰富。

8. 显明的特色

根据学校的办学定位和人才培养目标，结合实际，积极创新，特色显明。

三、国家级实验教学示范中心的评审

（一）评审范围

国家级实验教学示范中心评审面向全国各类本科院校，一般应是承担多学科、多专业实验教学任务的公共基础实验教学中心、学科大类基础实验教学中心和学科综合实验中心，重点是受益面大、影响面宽的基础实验教学中心。以物理、化学、生物、力学、机械、电子、计算机、医学、经济管理、传媒、综合性工程训练中心等学科和类型为主。

（二）申报要求

1. 申报条件。申报国家级实验教学示范中心，应为高等学校校、院级管理的实验教学中心，教学覆盖面广，形成规模化的实验教学环境，具备网上开放教学、开放管理的条件，具有高水平教授负责、组合优化的实验教学团队，教学效果突出。

2. 申报程序。国家级实验教学示范中心的申报，由学校向学校所在地省级教育行政部门提出申请，经省、自治区、直辖市教育行政部门组织专家评选汇总后，统一向教育部申报。

3. 申报材料。国家级实验教学示范中心申报材料包括申请书和相关支持材料（如实验教学中心录像，典型教学案例录像，典型教材样本、多媒体课件等）。

（三）评审方式

1. 评审方式。教育部根据不同学科、不同类型实验教学中心申报的情况，组织专家采取网络评议、集中评审、学校答辩、现场考察等不同方法相结合的方式进行评审。

2. 受理机构。国家级实验教学示范中心申报受理、组织评审和年度评审工作的具体部署由教育部高等教育司负责。

四、国家级实验教学示范中心的设立

通过教育部组织评审的高等学校实验教学中心，经网上公示后，授予"国家级实验教学示范中心"称号，予以公布。国家级实验教学示范中心应上网展示主要内容，承担相应的培训，宣传推广经验，扩大受益面，充分发挥其在全国范围的示范辐射作用。

国家级实验教学示范中心每五年进行复审。其间，实行年度报告上网公布，并视情况进行中期检查或抽查。对不合格者将取消"国家级实验教学示范中心"称号。

各省、自治区、直辖市教育行政部门和高等学校要高度重视这项工作，根据本通知精神和本地区、本学校的实际情况，科学规划，加大投入，加强领导，精心组织，尽快启动实验教学示范中心的建设和评审工作。

二〇〇五年五月十二日

附件：国家级实验教学示范中心评审指标体系

1. 评审指标体系

一级指标	权重	二级指标	权重
1. 实验教学	40%	1. 教学理念与改革思路	10
		2. 教学体系与教学内容	10
		3. 教学方法与教学手段	10
		4. 教学效果与教学成果	10
2. 实验队伍	20%	5. 队伍建设	10
		6. 队伍状况	10
3. 管理模式	20%	7. 管理体制	5
		8. 信息平台	5
		9. 运行机制	10

一级指标	权重	二级指标	权重
4. 设备与环境	20%	10. 仪器设备	10
		11. 维护运行	5
		12. 环境与安全	5

特色项目（10分）：实验教学中心在实验教学、实验队伍、管理模式、设备与环境等方面的改革与建设中做出的独特的、富有成效的、有积极示范推广意义的成果。

2. 评审指标内涵及相关主要观测点

一级指标	二级指标	指标内涵及相关主要观测点
实验教学	教学理念与改革思路	①学校教学指导思想明确，以人为本，促进学生知识、能力、素质协调发展，重视实验教学，相关政策配套落实 ②实验教学改革和实验室建设思路清晰、规划合理、方案具体，适用性强，效果良好 ③实验教学定位合理，理论教学与实验教学统筹协调，安排适当
	教学体系与教学内容	①建立与理论教学有机结合，以能力培养为核心，分层次的实验教学体系，涵盖基本型实验、综合设计型实验、研究创新型实验等 ②教学内容注重传统与现代的结合，与科研、工程和社会应用实践密切联系，融入科技创新和实验教学改革成果，实验项目不断更新 ③实验教学大纲充分体现教学指导思想，教学安排适宜学生自主选择 ④实验教材不断改革创新，有利于学生创新能力培养和自主训练
	教学方法与教学手段	①重视实验技术研究，实验项目选择、实验方案设计有利于启迪学生科学思维和创新意识 ②改进实验教学方法，建立以学生为中心的实验教学模式，形成以自主式、合作式、研究式为主的学习方式 ③实验教学手段先进，引入现代技术，融合多种方式辅助实验教学 ④建立多元实验考核方法，统筹考核实验过程与实验结果，激发学生实验兴趣，提高实验能力
	教学效果与教学成果	①教学覆盖面广，实验开出率高，教学效果好，学生实验兴趣浓厚，对实验教学评价总体优良 ②学生基本知识、实验基本技能宽厚扎实，实践创新能力强，实验创新成果多，学生有正式发表的论文或省部级以上竞赛奖等 ③承担省部级以上教学改革项目，成果突出 ④实验教学成果丰富，正式发表的高水平实验教学论文多，有获省部级以上奖的项目、课程、教材 ⑤有广泛的辐射作用

一级指标	二级指标	指标内涵及相关主要观测点
实验队伍	队伍建设	①学校重视实验教学队伍建设，规划合理 ②政策措施得力，能引导和激励高水平教师积极投入实验教学 ③实验教学队伍培养培训制度健全落实，富有成效
	队伍状况	①实验教学中心负责人学术水平高，教学科研实践经验丰富，热爱实验教学，管理能力强，具有教授职称 ②实验教学中心队伍结构合理，符合中心实际，与理论教学队伍互通，核心骨干相对稳定，形成动态平衡 ③实验教学队伍教学科研创新能力强，实验教学水平高，积极参加教学改革、科学研究、社会应用实践，广泛参与国内外同行交流 ④实验教学队伍教风优良，治学严谨，勇于探索和创新
管理模式	管理体制	①实施校、院级管理，资源共享，使用效益高 ②实验教学中心主任负责制，中心教育教学资源统筹调配
	信息平台	①建立网络化实验教学和实验室管理信息平台 ②具有丰富的网络实验教学资源 ③实现网上辅助教学和网络化、智能化管理
	运行机制	①实验教学开放运行，保障措施落实得力，中心运行良好 ②管理制度规范化、人性化，以学生为本 ③实验教学评价办法科学合理，鼓励教师积极投入和改革创新 ④实验教学运行经费投入制度化 ⑤实验教学质量保证体系完善
设备与环境	仪器设备	①品质精良，组合优化，配置合理，数量充足，满足现代实验教学要求 ②仪器设备使用效益高 ③改进、自制仪器设备有特色、教学效果好
	维护运行	①仪器设备管理制度健全，运行效果好 ②维护措施得力，设备完好 ③仪器设备维护经费足额到位
	环境与安全	①实验室面积、空间、布局科学合理，实现智能化 ②实验室设计、设施、环境体现以人为本，安全、环保严格执行国家标准，应急设施和措施完备 ③认真开展广泛的师生安全教育

关于开展"十二五"高等学校实验教学示范中心建设工作的通知

（教高司函［2012］33号）

有关部门（单位）教育司（局），部属各高等学校：

根据《教育部 财政部关于"十二五"期间实施"高等学校本科教学质量与教学改革工程"的意见》，为了进一步推进高等学校实验室建设和实验教学改革与创新，促进创新人才成长，提高人才培养质量，决定"十二五"期间建设一批学科专业实验教学示范中心。现将有关事项通知如下：

一、建设目标

适应国家战略需求和区域经济社会发展需要，支持一批高等学校以学校优势学科专业特色为基础，建设100个学科专业国家级实验教学示范中心，形成优质资源融合、教学科研协同、学校企业联合培养人才的实验教学新模式，探索满足新时期人才培养需要的实验室建设和教学改革方向，建立创新人才成长环境，支撑拔尖创新人才培养，服务国家科教兴国战略和人才强国战略。

二、建设内容

"十二五"高等学校实验教学示范中心建设参照《教育部关于开展高等学校实验教学示范中心建设和评审工作的通知》中的建设内容，并应重点突出以下方面特色：

（一）实验室资源有效整合。根据学校办学特色和学科专业特点，统筹相关各类实验资源，鼓励学科专业交叉，建立有利于复合型、创新型人才培养的实验体系，构建功能集约、资源优化、开放充分、运作高效的专业类或跨专业类的实验教学平台，为学生自主学习、自主实验和创新活动创造条件。

（二）教学科研紧密结合。打通教学科研实验室壁垒，统筹教学科研实验室资源，促进科研支持实验教学、服务人才培养，把科研成果转化为实验教学内容，将科研方法融入实验教学活动，向学生传授科研理念、科研文化、科研价值，使学生了解科技最新发展和学术前沿动态，激发科研兴趣，启迪科研思维，培养科研道德，提升学生科学研究和科技创新的能力。

（三）学校与科研院所、行业、企业密切联合。建立专业实验与专业训练、专业技能培养与实践体验相结合的实验教学模式，打造贴近实际的模拟、虚拟、仿真实验环境，联合科研院所、行业、企业、社会共同建设实验室、研发基地等，实现专业实验与科学研究、工程实际、社会应用相结合。以实验室为载体，探索学校与科研院所、行业、企业协同培养人才的新机制。

通过学科专业实验教学示范中心的建设，凝聚校内外各方力量，促进优质资源深度融合和充分共享，推动教学科研协同发展，引导学生在科学研究中学习，在社会实践中学习，提高学生勇于探索的创新精神和善于解决问题的实践能力。

三、申报要求及条件

（一）申报范围

本次申报面向中央部门所属高等学校，每所学校申报名额不超过 2 个。

（二）申报材料及要求

申报材料包括申请书和相关支持材料，具体要求如下：

1.《"十二五"国家级实验教学示范中心申请书》（以下简称《申请书》）。《申请书》见附件，可在"高等学校实验教学示范中心网站"（http://syzx.cers.edu.cn）的"政策法规"栏目中下载,制成 Word(Office 2003 版本)文件 1 个。

2. 学校关于实验教学中心成立的批件以及有关实验教学中心建设的相关政策、保障措施、规章制度等文件。文件目录及所有文件制成 1 个 PDF 文件。

3. 实验教学中心总体情况视频文件。其中应包括实验教学中心各实验室设备与环境的全貌。视频文件制成不超过 20 分钟的 ASF 或 WMV 格式流媒体文件,分辨率 640 * 480。

4. 其他有关材料。

5. 以上 1~4 项制成 CD－R(650M/720M)光盘 1~2 张,光盘中电子文件的命名规则为:学校代码__材料类型编号__序号。学校代码可在中国教育统计网(http://www.stats.edu.cn)查询,材料类型编号依次与以上申报材料及要求中 1~4 对应,序号从 1 开始编排。

(三)申报方式及时间

本次申报采取函报的方式。函报材料包括《申请书》及申报材料光盘(一式三份)。请各申报高校将本校申报材料汇总函寄(送)至我司,同时抄送学校主管部门。申报截止时间为 2012 年 5 月 20 日,逾期不再受理。

四、评审验收

教育部组织专家对申报的实验教学中心进行评审,通过评审和网上公示后为"国家级实验教学示范中心建设单位"。建设期间实行年度报告制度,并适时开展中期检查。"十二五"末验收合格者授予"国家级实验教学示范中心"称号。

五、经费资助

对每个国家级实验教学示范中心建设单位资助 200 万元建设经费,重点支持其进行实验教学改革,实验教学资源开发,模拟、仿真、虚拟等实验环境研制,实验教学模式创新,实验师资队伍培养、培训和交流,建设成果及经验的共享等。经费具体使用按《"十二五"期间"高等学校本科教学质量与教学改革工程"经费管理办法》（另发）执行。

各有关部门和高等学校要高度重视实验教学示范中心建设工作，根据本通知要求和学校实际情况，科学规划，加大投入，精心组织，尽快启动建设和申报工作。

联系人：耿琰 高东锋

联系电话：010－66097854、66096987

通信地址：北京市西单大木仓胡同 37 号 教育部高等教育司实验室处

邮政编码：100816

电子信箱：sysc@moe.edu.cn

教育部高等教育司

二〇一二年三月十五日

教育部关于大力推进高等学校
创新创业教育和大学生自主创业工作的意见

（教办〔2010〕3号）

各省、自治区、直辖市教育厅（教委），部属各高等学校，各
国家大学科技园：

党的十七大提出"提高自主创新能力，建设创新型国家"
和"促进以创业带动就业"的发展战略。大学生是最具创新、
创业潜力的群体之一。在高等学校开展创新创业教育，积极鼓
励高校学生自主创业，是教育系统深入学习实践科学发展观，
服务于创新型国家建设的重大战略举措；是深化高等教育教学
改革，培养学生创新精神和实践能力的重要途径；是落实以创
业带动就业，促进高校毕业生充分就业的重要措施。为统筹做
好高校创新创业教育、创业基地建设和促进大学生自主创业工
作，现提出以下意见：

一、大力推进高等学校创新创业教育工作

1. 创新创业教育是适应经济社会和国家发展战略需要而
产生的一种教学理念与模式。在高等学校中大力推进创新创业
教育，对于促进高等教育科学发展，深化教育教学改革，提高
人才培养质量具有重大的现实意义和长远的战略意义。创新创
业教育要面向全体学生，融入人才培养全过程。要在专业教育
基础上，以转变教育思想、更新教育观念为先导，以提升学生
的社会责任感、创新精神、创业意识和创业能力为核心，以改
革人才培养模式和课程体系为重点，大力推进高等学校创新创
业教育工作，不断提高人才培养质量。

2. 加强创新创业教育课程体系建设。把创新创业教育有效纳入专业教育和文化素质教育教学计划和学分体系，建立多层次、立体化的创新创业教育课程体系。突出专业特色，创新创业类课程的设置要与专业课程体系有机融合，创新创业实践活动要与专业实践教学有效衔接，积极推进人才培养模式、教学内容和课程体系改革。加强创新创业教育教材建设，借鉴国外成功经验，编写适用和有特色的高质量教材。

3. 加强创新创业师资队伍建设。引导各专业教师、就业指导教师积极开展创新创业教育方面的理论和案例研究，不断提高在专业教育、就业指导课中进行创新创业教育的意识和能力。支持教师到企业挂职锻炼，鼓励教师参与社会行业的创新创业实践。积极从社会各界聘请企业家、创业成功人士、专家学者等作为兼职教师，建立一支专兼结合的高素质创新创业教育教师队伍。高校要从教学考核、职称评定、培训培养、经费支持等方面给予倾斜支持。定期组织教师培训、实训和交流，不断提高教师教学研究与指导学生创新创业实践的水平。鼓励有条件的高校建立创新创业教育教研室或相应的研究机构。

4. 广泛开展创新创业实践活动。高等学校要把创新创业实践作为创新创业教育的重要延伸，通过举办创新创业大赛、讲座、论坛、模拟实践等方式，丰富学生的创新创业知识和体验，提升学生的创新精神和创业能力。省级教育行政部门和高校要将创新创业教育和实践活动成果有机结合，积极创造条件对创新创业活动中涌现的优秀创业项目进行孵化，切实扶持一批大学生实现自主创业。

5. 建立质量检测跟踪体系。省级教育行政部门和高等学校要建立创新创业教育教学质量监控系统。要建立在校和离校学生创业信息跟踪系统，收集反馈信息，建立数据库，把未来创业成功率和创业质量作为评价创新创业教育的重要指标，反馈指导高等学校的创新创业教育教学，建立有利于创新创业人才脱颖而出的教育体系。

6. 加强理论研究和经验交流。教育部成立高校创业教育指导委员会，开展高校创新创业教育的研究、咨询、指导和服务。省级教育行政部门和高等学校要加强对国内外创新创业教育理论研究，组织编写高校创新创业教育先进经验材料汇编和大学生创业成功案例集。省级教育行政部门应定期组织创新创业教育经验交流会、座谈会、调研活动，总结交流创新创业教育经验，推广创新创业教育优秀成果。逐步探索建立中国特色的创新创业教育理论体系，形成符合实际、切实可行的创新创业教育发展思路，指导创新创业教育教学改革发展。

二、加强创业基地建设，打造全方位创业支撑平台

7. 全面建设创业基地。教育部会同科技部，以国家大学科技园为主要依托，重点建设一批"高校学生科技创业实习基地"，并制定出台相关认定办法。省级教育行政部门要结合本地实际，通过多种形式建立省级大学生创业实习和孵化基地；同时要积极争取有关部门支持，推动本地区有关地市、高等学校、大学科技园建立大学生创业实习或孵化基地，并按其类别、规模和孵化效果，给予大力支持，充分发挥基地的辐射示范作用。

8. 明确创业基地功能定位。大学生创业实习或孵化基地是高等学校开展创新创业教育、促进学生自主创业的重要实践平台，主要任务是整合各方优势资源，开展创业指导和培训，接纳大学生实习实训，提供创业项目孵化的软硬件支持，为大学生创业提供支撑和服务，促进大学生创业就业。

9. 规范创业基地管理。大学科技园作为"高校学生科技创业实习基地"的建设主体，要把基地建设作为园区建设的重要内容，确定专门的管理部门负责基地的建设和管理；加强

与依托学校和有关部门的联动，共同开展大学生实习实训和创业实践。有关高等学校要高度重视大学科技园在创新创业人才培养中的作用，出台有利于大学科技园开展学生创业工作的政策措施和激励机制。

10. 提供多种形式的创业扶持。大学生创业实习或孵化基地要结合实际，为大学生创业提供场地、资金、实训等多方面的支持。要开辟较为集中的大学生创业专用场地，配备必要的公共设备和设施，为大学生创业企业提供至少 12 个月的房租减免。要提供法律、工商、税务、财务、人事代理、管理咨询、项目推荐、项目融资等方面的创业咨询和服务，以及多种形式的资金支持；要为大学生开展创业培训、实训；建立公共信息服务平台，发布相关政策、创业项目和创业实训等信息。

三、进一步落实和完善大学生自主创业扶持政策，加强创业指导和服务工作

11. 切实落实创业扶持政策。省级教育行政部门要按人力资源和社会保障部、教育部等《关于实施"2010 高校毕业生就业推进行动"大力促进高校毕业生就业的通知》要求，与有关部门密切配合，共同组织实施"创业引领计划"，并切实落实以下政策：对高校毕业生初创企业，可按照行业特点，合理设置资金、人员等准入条件，并允许注册资金分期到位。允许高校毕业生按照法律法规规定的条件、程序和合同约定将家庭住所、租借房、临时商业用房等作为创业经营场所。对应届及毕业 2 年以内的高校毕业生从事个体经营的，自其在工商部门首次注册登记之日起 3 年内，免收登记类和证照类等有关行政事业性收费；登记求职的高校毕业生从事个体经营，自筹资金不足的，可按规定申请小额担保贷款，从事微利项目的，可按规定享受贴息扶持；对合伙经营和组织起来就业的，贷款规模可适当扩大。完善整合就业税收优惠政策，鼓励高校毕业生

自主创业。

12. 积极争取资金投入。省级教育行政部门要与有关部门协调配合，积极争取当地政府和社会支持，通过财政和社会两条渠道设立"高校毕业生创业资金"、"天使基金"等资助项目，重点扶持大学生创业。要建立健全创业投资机制，鼓励吸引外资和国内社会资本投资大学生创业企业。

13. 积极开展创业培训。省级教育行政部门要积极配合有关部门，对有创业愿望并具备一定创业条件的高校学生，普遍开展创业培训。要积极整合各方面资源，把成熟的创业培训项目引入高校，并探索、开发适合我国大学生创业的培训项目。同时，高等学校要加强对在校生的创业风险意识教育，帮助学生了解创业过程中可能遇到的困难和问题，不断提高防范和规避风险的意识和能力。

14. 全面加强创业信息服务。省级教育行政部门和高等学校要加大服务力度，拓展服务内涵，充分利用现有就业指导服务平台，特别是就业信息服务平台，广泛收集创业项目和创业信息，开展创业测评、创业模拟、咨询帮扶，有条件的要抓紧设立创业咨询室，开展"一对一"的创业指导和咨询，增强创业服务的针对性和有效性。

15. 高等学校要出台促进在校学生自主创业的政策和措施。高校可通过多种渠道筹集资金，普遍设立大学生创业扶持资金；依托大学科技园、创业基地、各种科研平台以及其他科技园区等为学生提供创业场地。同时，有条件的高校要结合学科专业和科研项目的特点，积极促进教师和学生的科研成果、科技发明、专利等转化为创业项目。

四、加强领导，形成推进高校创业教育和大学生自主创业的工作合力

16. 省级教育行政部门要把促进高校创新创业教育和大学

生自主创业工作摆在突出重要位置。要积极争取有关部门支持，创造性地开展工作，因地制宜地出台并切实落实鼓励大学生创业的政策措施。要加大对高校创新创业教育、创业基地建设的投入力度，在经费、项目和基金等方面给予倾斜。有条件的地区可设立针对大学生的创业实践项目，为大学生创业实践活动提供小额经费支持。根据工作需要，可评选创新创业教育示范校、创业示范基地。

17. 高等学校要把创新创业教育和大学生自主创业工作纳入学校重要议事日程。要理顺领导体制，建立健全教学、就业、科研、团委、大学科技园等部门参加的创新创业教育和自主创业工作协调机制。统筹创新创业教育、创业基地建设、创业政策扶持和创业指导服务等工作，明确分工，切实加大人员、场地、经费投入，形成长效机制。

18. 营造鼓励创新创业的良好舆论氛围。省级教育行政部门和高等学校要广泛开展创新创业教育和大学生自主创业的宣传，通过报刊、广播、电视、网络等媒体，积极宣传国家和地方促进创业的政策、措施，宣传各地和高校推动创新创业教育和促进大学生创业工作的新举措、新成效，宣传毕业生自主创业的先进典型。通过组织大学生创业事迹报告团等形式多样的活动，激发学生的创业热情，引导学生树立科学的创业观、就业观、成才观。

中华人民共和国教育部
二〇一〇年五月四日

参考文献

［1］郑旭煦，罗勇，骆东奇．经济管理实验教学探索与实践［M］．成都：西南交通大学出版社，2010．

［2］郑旭煦，朱孟楠．探索创新创业教育　深化实验教学改革［C］．成都：西南财经大学出版社，2012．

［3］蔡清田．课程设计——理论与实际［M］．南京：南京师范大学出版社，2005．

［4］何斌，李泽莹，王学力．管理实验与实验管理学［M］．北京：清华大学出版社，2010．

［5］董贾寿，张文桂．实验室管理学［M］．成都：电子科技大学出版社，2004．

［6］乔兴旺，宁宁．经济管理实验建设与管理导论［M］．重庆：重庆大学出版社，2007．

［7］张永智，罗勇．创业综合模拟实训教程［M］．成都：西南财经大学出版社，2012．

［8］马良．创业实训资源手册［M］．北京：中国时代经济出版社，2008．

［9］马良．创业实训通用教程［M］．北京：高等教育出版社，2009．

[10] 何克抗，林君芬，张文兰．教学系统设计［M］．北京：高等教育出版社，2006．

[11] 郭云川．应用型高校实践教学体系构建与质量控制［M］．北京：高等教育出版社，2011．

[12] 吴旭华．综合性、设计性实验的设计与实践研究［J］．电脑知识与技术，2009（8）．

[13] 余志华，王永涛，赵娟，陈绪诚．建设开放实验教学体系建设的探索与实践［J］．实验技术与管理，2011，28（11）．

[14] 邓朗妮．高等学校开放实验教学体系的研究与建设［J］．装备制造技术，2009（6）．

[15] 李苑玲．开放实验教学体系构建及其实践［J］．沿海企业与科技，2007（6）．

[16] 李志荣．经济管理类学科开放实验教学平台的研究［J］．嘉兴学院学报，2005（10）．

[17] 卿春，卢荟羽．经管类专业开放型实验教学的探索与实践［J］．教育文化论坛，2011（5）．

[18] 徐玉莲．高校开放式实验教学管理平台的构建［J］．实验室科学，2011（8）．

[19] 汪建华．创业教育——高等教育的重要使命［J］．现代大学教育，2003（6）．

[20] 张平．创业教育：高等教育改革的价值取向［J］．中国高教研究，2002（12）．

[21] 高晓杰．创新创业教育——培养新时代事业的开拓者［J］．中国高教研究，2007（7）．

[22] 吴泽俊．高校创新创业教育及其启示［J］．南昌工程学院学报，2007（5）．

[23] 毕佳洁，李海波，等. 高校创新创业教育的内涵分析 [J]. 高教高职研究，2009 (6).

[24] 高晓杰，等. 中国高等教育学会创新创业教育研讨会综述 [J]. 中国高教研究，2007 (7).

[25] 吴华. 创新教育与教育创新 [J]. 清华大学教育研究，1999 (4).

[26] 木志荣. 我国大学生创业教育模式探讨 [J]. 高等教育研究，2006 (11).

[27] 方正. 借助大学生社团开辟大学生创业实践新路径 [J]. 南京航空航天大学学报（社会科学版），2009 (3).

[28] 王伟祖，郑旭明. 构建实验教学新体系培养学生创新能力 [J]. 实验室研究与探索，2007 (2).

[29] 罗勇. 创新实验项目开放形式，推动实验教学改革 [J]. 实验技术与管理，2012 (3).

[30] 刘丽，熊忠平，吴伟. 教学型实验与研究型实验相融合的高校实验教学模式的思考 [J]. 科教文汇，2011 (3).

[31] 赵传刚，黄勇. 创业实训在高校创业教育中的作用研究 [J]. 安徽工业大学学报（社会科学版），2011 (1).

[32] 张永智. 构建经济管理创业模拟实验项目——以网上开店为例 [J]. 实验室研究与探索，2010 (7).

[33] 张永智，等. 构建经管类大学生创业模式的探索 [J]. 实验室研究与探索，2010 (8).

[34] 王芸. 浅析项目驱动教学法在高职财务管理课程中的应用 [J]. 消费导刊，2010 (6).

[35] 叶国健，范洪波，周显宏，等. 高校综合性、设计性实验开设项目的探讨 [J]. 中国科技信息，2008 (10).

[36] 孙伟力. 财会综合实训基地的建设与管理 [J]. 实

验室研究与探索，2011，30（8）.

[37] 崔晓峰. 地方本科院校经济管理实验室建设 [J].中国现代教育装备，2010（3）.

[38] 邓明. 地方院校实践教学体系运行保障机制探讨[J]. 实验科学与技术，2009（5）.

[39] 孙岩. 对构建电工电子创新实验教学平台的思考[J]. 科技信息，2011（5）.

[40] 刘莹，庄晓燕. 对经济管理类实验教学软件的几点思考 [J]. 实验科学与技术，2009，（1）.

[41] 杨萍萍，刘传宝. 高校本科实验教学运行管理体系的改革与创新 [J]. 科技信息，2007（18）.

[42] 宋东林，魏宝明. 高校经管类实验教学质量保证体系探讨 [J]. 实验室科学，2011（3）.

[43] 石瑛，王学力. 高校实验教学队伍"三化"特征及其构建 [J]. 实验室研究与探索，2010（8）.

[44] 李晓红，魏俭. 高职院校会计模拟实验教学保障体系完善研究 [J]. 石家庄铁路职业技术学院学报，2007（3）.

[45] 张斌，罗勇武. 高职院校实训基地建设与管理的探索 [J]. 实验科学与技术，2008（4）.

[46] 彭智友. 高职院校实验教学改革初探 [J]. 岳阳职业技术学院学报，2003（4）.

[47] 王丽，刘文艳. 构建实验教学信息平台，加强医学本科生创新能力培养 [J]. 中国现代教育装备，2010（7）.

[48] 赵万鹏. 关于高校实验教学队伍建设的思考 [J].药学教育，2006（1）.

[49] 徐玲. 关于加强高校学科梯队建设的若干思考[J]. 长春工业大学学报，2007（1）.

［50］谭银元. 湖北省高职高专实训基地建设存在的问题及其对策［J］. 长江工程职业技术学院学报, 2008（4）.

［51］陆国红. 基于资源整合共享的教学信息平台构建［J］. 中国教育信息化, 2010（23）.

［52］周训胜, 林卫国. 加强高校实验教学队伍建设的思考［J］. 福建医科大学学报, 2002（1）.

［53］程培岩, 李平. 加强实验教学队伍建设, 培养创新人才［J］. 实验技术与管理, 2009（10）.

［54］钟杰, 仇念文. 加强实验教学队伍建设, 促进学校又好又快发展［J］. 中国现代教育装备, 2010（3）.

［55］陈步云, 周勤. 加强实验教学管理, 提高实验教学质量［J］. 实验技术与管理, 2009（5）.

［56］黎卫. 加强校企合作构建示范性职业教育实训基地［J］. 南宁职业技术学院学报, 2011（5）.

［57］何日智. 建立高校基础、技术基础实验室评估标准的思考［J］. 实验室研究与探索, 1995（2）.

［58］宋象军, 刘太林. 建设一流本科实验教学保障体系的实践与研究［J］. 实验室研究与探索, 2008（1）.

［59］罗勇. 高校经管类实验教学平台建设的创新与实践［J］. 实验室研究与探索, 2012（5）.

［60］李培敬. 经管类专业实践教学评价和质量监控体系构建［J］. 潍坊教育学院学报, 2011（4）.

［61］梁伟, 于莉. 经管类综合实验室构建模式研究［J］. 实验室研究与探索, 2006（4）.

［62］陈革, 苏传英. 经济管理类综合实训基地的设计与建设［J］. 高校实验室工作研究, 2003（2）.

［63］林云华. 经济管理实验教学改革的基本思路和措施

[J].教育科学,2010 (9).

[64] 刘俊刚.让实验真正地达到为教学服务的目的 [J].安徽电子信息职业技术学院学报,2004 (1).

[65] 房志勇.论高校技术基础实验室的设备配置 [J].高等建筑教育,1998 (3).

[66] 王兴邦.面向开放式创新性实验教学队伍建设与研究 [J].实验技术与管理,2008,25 (7).

[67] 黎军.浅析经管专业实验室建设 [J].科教纵横,2011 (1).

[68] 葛志芹.浅议财经类高校学科梯队建设 [J].南京审计学院学院学报,2004 (4).

[69] 应智国.商科类高职院校实训基地的战略构建 [J].中国高教研究,2008 (8).

[70] 蒋志坚,王佳.实验教学队伍建设的若干问题与对策 [J].实验技术与管理,2010 (3).

[71] 颜桂炀,林深.实验教学信息平台建设的探索与实践 [J].宁德师专学报,2007 (4).

[72] 林伟君.实验类型与实验软件选择的博弈分析 [J].实验室科学,2011 (3).

[73] 沈建华.校企合作共建高校专业实验室的探索 [J].实验科学与技术,2009 (5).

[74] 余魅,陈红霞.学科特色鲜明的研究型大学实验教学保障体系建设的探索与实践 [J].实验技术与管理,2010 (7).

[75] 黄卫东,郑会颂.依托课程群的经管专业实验室建设新思维 [J].实验室研究与探索,2006 (5).

[76] 曹中一,刘新星.专业实验室建设的探索与实践

［J］. 实验技术与管理，2011（1）.

［77］孙江龙，李天匀. 专业实验室建设的新思路［J］. 实验室研究与探索，2006（7）.

［78］陈英俊，周东. 专业实验室建设可持续发展模式的探索［J］. 肇庆学院学报，2009（2）.

［79］杜光玲，李军. 综合性大学医学实验教学中心实验教学保障体系的构建［J］. 医学研究与教育，2010（1）.

［80］吴先华，叶卫美. 普通高校创业教育教学情况的实证调查［J］. 中国大学教学，2012（2）.

［81］王福英，林艳新，侯新. 创新创业教育与会计学专业教育融合探讨［J］. 会计之友，2010（3）.

［82］王甲山，李绍平，周洪颖. 经济管理类专业加强创业教育的研究［J］. 黑龙江教育，2009（6）.

［83］周俪. 工商企业管理专业教育中渗透创业教育的探讨［J］. 宁德师专学报，2011（2）.

［84］李子彦，张君生. 对当前高校创业教育的理性思考——基于新时期企业家的使命和素质的分析［J］. 煤炭高等教育，2011（5）.

［85］罗勇. 实验教学为培养创新创业人才服务——重庆工商大学经济管理实验教学中心的改革探索［N］. 中国教育报，2011-12-4.

［86］吴道友，钟平. 财经类院校创业教育体系和创业培养机制建设方法研究［J］. 现代商贸工业，2008（1）.

［87］赵刚. 创新创业教育在旅游类专业课程体系中的建设研究［J］. 新视野，2010（4）.

［88］李华昌，嵇安奕，李华晶. 从创业教育看管理教育的变革［J］. 管理观察，2009（2）.

［89］木志荣. 我国大学生创业教育模式探讨［J］. 高等教育研究, 2006 (11).

［90］常顺英, 席巧娟. 21 世纪高等学校的创新教育［J］. 北京理工大学学报, 2003 (8).

［91］毕佳洁, 李海波. 高等创新创业教育的内涵分析［J］. 高教高职研究, 2011 (2).

［92］汪银生. 创业教育是比创新教育更为迫切的课题［J］. 教育与现代化, 2011 (4).

［93］欧阳峣. 实现从就业教育到创业教育的转变［J］. 中国高教研究, 2001 (6).

［94］朱立丽. 大学就业教育与创业教育的现状与对策分析［J］. 科技信息, 2009 (1).

［95］雷家骕. 我国大学创业教育现状及应做的调整［J］. 青年探索, 2011 (1).

［96］许建飞, 朱向运, 杨琴, 等. 浅析开放教育与开放实验［J］. 实验技术与管理, 2006 (4).

［97］徐建东. 面向教学的高校开放实验管理研究——以宁波大学为例［D］. 华东师范大学硕士学位论文, 2007.

［98］王凤侠. 以课程建设为抓手促进本科专业内涵发展［J］. 教育视角, 2011 (5).

［99］李克东, 等. 郭向勇教育技术促进高校课程建设的理论与实践［J］. 电化教育研究, 2008 (12).

［100］甄阜铭. 经济管理类专业实验项目构成要素分析［J］. 东北财经大学学报, 2011 (4).

［101］周梅妮, 张振威. 高校案例库建设评价指标体系研究［J］. 西南交通大学学报 (社会科学版), 2008 (6).

［102］詹铁柱. 构建开放实验平台促进经管实验教学

［J］. 实验科学与技术，2009（6）.

［103］熊宏齐，戴玉蓉. 教学实验项目类型及其"开放内禀性"［J］. 实验技术与管理，2008（1）.

［104］郑孝庭，范焕珍. 经济管理类实验项目设计的若干问题［J］. 管理观察，2008（10）.

［105］谢程燕. 论广播电视大学课程平台建设［J］. 福建广播电视大学学报，2008（5）.

［106］林伟君. 实验项目的挖掘与立项管理探讨［J］. 实验科学与技术，2011（4）.

［107］夏晓烨，段相林. 课程建设的内涵、目标及相互关联［J］. 中国大学教学，2007（8）.